L'Exercisier
Corrigés des exercices

Conception maquette : **isa**
Mise en page : **isa**
Couverture : studio Bizart

Achevé d'imprimer par CPI France Quercy - Mercuès
Dépôt légal : avril 2009
N° d'imprimeur : 90716
Imprimé en France

© Presses universitaires de Grenoble, 2006
BP 47 – 38040 Grenoble cedex 9
Tél. : 04 76 82 56 51 – Fax : 04 76 82 78 35
pug@pug.fr / www.pug.fr

ISBN 978-2-7061-1509-7

Le code de la propriété intellectuelle n'autorisant, aux termes de l'article L.122-5, 2° et 3° a, d'une part, que les « copies ou reproductions strictement réservées à l'usage privé du copiste et non destinées à une utilisation collective » et, d'autre part, que les analyses et les courtes citations dans un but d'exemple et d'illustration, « toute représentation ou reproduction intégrale ou partielle faite sans le consentement de l'auteur ou de ses ayants droit ou ayants cause est illicite » (art. L.122-4).
Cette représentation ou reproduction, par quelque procédé que ce soit, constituerait donc une contrefaçon sanctionnée par les articles L.335-2 et suivants du code de la propriété intellectuelle.

Christiane Descotes-Genon, Marie-Hélène Morsel, Claude Richou

L'Exercisier
Corrigés des exercices

Seconde édition revue et corrigée

Presses universitaires de Grenoble

Dans le catalogue FLE des PUG

MÉTHODES

Je lis, j'écris le français
Méthode d'alphabétisation pour adultes
M. Barthe, B. Chovelon, 2004

Je parle, je pratique le français
Post-alphabétisation pour adultes
M. Barthe, B. Chovelon, 2005

À propos A1
C. Andant, C. Metton, A. Nachon,
F. Nugue, 2009
Livre de l'élève (CD inclus) – Guide
pédagogique – Cahier d'exercices (CD inclus)

À propos B1-B2
C. Andant, M.-L. Chalaron, 2005
Livre de l'élève – Livre du professeur –
Cahier d'exercices – Coffret 2 CD audio

GRAMMAIRE ET STYLE

Présent, passé, futur
D. Abry, M.-L. Chalaron, J. Van Eibergen
Manuel avec corrigés des exercices, 1987

La grammaire autrement
M.-L. Chalaron, R. Rœsch
Manuel avec corrigés des exercices, 1984

La grammaire des premiers temps
Volume 1 : niveaux A1-A2, 2000
Volume 2 : niveaux A2-B1, 2003
D. Abry, M.-L. Chalaron
Manuel – Corrigés des exercices avec
la transcription des textes du CD – CD 90 mn

L'Exercisier (2de éd.). *Manuel d'expression française*
C. Descotes-Genon, M.-H. Morsel, C. Richou, 2006

L'expression française écrite et orale
Ch. Abbadie, B. Chovelon, M.-H. Morsel, 2003
Manuel – Corrigés des exercices

Expression et style
M. Barthe, B. Chovelon, 2002
Manuel – Corrigés des exercices

VOCABULAIRE ET EXPRESSION

Livres ouverts
M.-H. Estéoule-Exel, S. Regnat Ravier, 2008
Livre de l'élève – Guide pédagogique

Dites-moi un peu
Méthode pratique de français oral
K. Ulm, A.-M. Hingue, 2005
Manuel – Guide pédagogique

Émotions-Sentiments
C. Cavalla, E. Crozier, 2005
Livre de l'élève (CD inclus) – Corrigés des exercices

Le français par les textes
I : niveaux A2-B1, 2003
II : niveaux B1-B2, 2003
Corrigés des exercices I, 2006
Corrigés des exercices II, 2006
M. Barthe, B. Chovelon, A.-M. Philogone

Lectures d'auteurs
M. Barthe, B. Chovelon, 2005
Manuel – Corrigés des exercices

Le chemin des mots
D. Dumarest, M.-H. Morsel, 2004
Manuel – Corrigés des exercices

CIVILISATION

La France au quotidien (3e éd.)
R. Rœsch, R. Rolle-Harold, 2008
Manuel – Coffret 2 CD audio

Écouter et comprendre la France au quotidien
(CD inclus)
R. Rœsch, R. Rolle-Harold, 2009

La France des régions
R. Bourgeois, S. Eurin, 2001

La France des institutions
R. Bourgeois, P. Terrone, 2004

FRANÇAIS SUR OBJECTIF SPÉCIFIQUE

*Le français des médecins. 40 vidéos
pour communiquer à l'hôpital*
(DVD-ROM inclus)
T. Fassier, S. Talavera-Goy, 2008

Le français du monde du travail
(nouvelle édition)
E. Cloose, 2009

Les combines du téléphone fixe et portable
(nouvelle édition, CD inclus)
J. Lamoureux, 2009

Le français pour les sciences
J. Tolas, 2004

ENTRAÎNEMENT AUX EXAMENS

Lire la presse
B. Chovelon, M.-H. Morsel, 2005
Manuel – Corrigés des exercices

Le résumé, le compte rendu, la synthèse
B. Chovelon, M.-H. Morsel, 2003
Manuel avec corrigés des exercices

Cinq sur cinq
*Évaluation de la compréhension orale
au niveau B2 du CECR* (CD inclus)
R. Rœsch, R. Rolle-Harold, 2006

DIDACTIQUE & ORGANISATION DES ÉTUDES

*Cours de didactique du français langue
étrangère et seconde* (2de éd.)
J.-P. Cuq, I. Gruca, 2005

*Nouvelle donne pour les Centres universitaires
de français langue étrangère*
ADCUEFE, 2004

*Diplômes universitaires en langue et culture
françaises*
ADCUEFE, 2004

*L'enseignement-apprentissage du français
langue étrangère en milieu homoglotte*
ADCUEFE, 2006

La phrase

Ponctuation et phrases

1

1. Tu es sûre qu'il a été prévenu du changement d'horaire ? – **2**. Philippe, Pierre et sa femme avaient pris une grande décision : ils allaient faire du sport, n'importe quel sport qui puisse être pratiqué dans la région. – **3**. Les ouvriers, qui étaient tous présents à la manifestation, ont décidé d'entamer la grève. – **4**. Il m'a demandé : « Pourquoi n'as-tu pas pris la parole ? » – **5**. Quelle idée d'avoir amené un chien ici ! – **6**. Il a voulu savoir pourquoi, moi, j'étais resté silencieux. – **7**. Le complément d'objet direct (c.o.d.) étant placé avant le verbe, le participe passé s'accorde. – **8**. Mon voisin m'a assuré – encore faudrait-il vérifier d'où il a tiré cette information – que le périphérique était fermé. – **9**. Une profusion de fruits, pêches, pommes, poires, abricots… était disposée sur la table. – **10**. Nous sommes arrivés à bon port ; mais quelle circulation !

Ponctuation et textes

2

SAUTERA SAUTERA PAS

Les amateurs de Benji (saut en élastique) vont pouvoir retrouver les sensations fortes qu'ils recherchent !
Une réglementation établie par le ministre de l'Intérieur, le ministre de la Jeunesse et des Sports et l'équipe grenobloise « Vertige Aventure » vient d'être définie, autorisant la reprise des sauts au pont de Ponsonnas, près de la Mure (103 mètres de vide !). Par ailleurs, ce site accueillera prochainement le premier centre permanent de Benji en Europe.
Contact : Vertige Aventure : 04 76 47 42 80

3

PLUIE D'ENFER

La petite ville de Huntingburg est inondée et évacuée. Jim et sa bande de malfaiteurs en profitent pour braquer un fourgon de transports de fonds. Mais Tom, le convoyeur, est décidé à mouiller sa chemise pour sauver le fric…
Que d'eau, que d'eau ! Le décor, vrai personnage, est assez impressionnant. Pensez : toute une bourgade les pieds dans la flotte, avec son cimetière, son église, son bureau de police. L'obscurité épaisse – l'action se déroule le temps d'une nuit – ajoute au climat d'angoisse. L'intrigue est limitée, les surprises sont moins éclaboussantes qu'on le voudrait, mais bon, pour un spectateur bien au chaud, les pieds douillettement calés dans ses charentaises, il n'y a finalement rien de meilleur.

Ordre des phrases

4

ESPAGNE : UN POLICIER TUÉ DANS UN ATTENTAT

Un inspecteur de police a été tué, lundi matin 18 décembre, dans un attentat commis à Prat-de-Llobregat, en Catalogne, a annoncé la police. Un jeune homme et une jeune femme ont ouvert le feu sur le policier, José Sucino Ibanez, trente et un ans, alors qu'il sortait de son domicile. Les deux individus ont ensuite pris la fuite sur une moto de forte cylindrée. Un attentat s'était produit dans des circonstances semblables, vendredi à Valence, contre un colonel de l'armée de terre.

5 🌳🌳🌳

Le 22 février 1987, un certain Bob Robert, cinquante huit ans, mourait dans un hôpital de New-York. En principe, l'opération de la vésicule biliaire qu'il venait de subir n'aurait pas dû entraîner de conséquences fatales. Mais l'infirmière de nuit, Mme Min Chou, au lieu de surveiller le patient, est restée toute la nuit dans sa chambre à lire la Bible. C'est du moins ce qu'elle dira aux enquêteurs. De très nombreuses négligences du personnel soignant sont alors constatées. Pas de preuves formelles, affaire classée. Bob Robert avait demandé, en entrant à l'hôpital, s'il y avait des gens plus célèbres que lui en traitement dans les différents services. Réponse : non. Il faut insister : rien d'extraordinaire, une simple opération de routine. Le patient n'avait pas non plus la maladie que vous savez. Bob Robert n'était autre qu'Andy Warhol.

La construction des verbes

Identification de la construction

1

Construction transitive directe	Construction indirecte	Construction intransitive
1. Il parle plusieurs langues. 3. Il n'a jamais accepté ce changement. 5. Ils ont réussi leurs examens 6. Nous espérons vous revoir bientôt.	4. Avez-vous parlé au directeur ? 8. Elle s'attend à être renvoyée. 9. Il a réussi à se faire respecter.	2. Elle travaille à Radio France. 7. Ils sont tous descendus de bonne heure. 10. Elle est arrivée cette nuit.

2

1. Il est revenu à Paris. *(Phrase complète)*.
2. Elle a rencontré à Lyon ma cousine Sylvie.
3. Nous apportons à notre amie un bouquet de fleurs des champs.
4. Ils pensent souvent à leurs enfants. *(Phrase complète)*.
5. Adressez-vous à cet employé. *(Phrase complète)*.
6. J'ai annoncé à ma tante la naissance de Vladimir.
7. Elle prête à son frère l'argent nécessaire à l'achat de son studio.
8. L'artisan fabrique un nouveau moule.
9. Il parle à tout le monde. *(Phrase complète)*.
10. J'ai proposé à ma collègue l'achat d'un nouveau dictionnaire.

3

1. Il continue à pleuvoir. – 2. Ils sont revenus plus tôt que prévu. – 3. Rentrez les chaises, il pleut. – 4. Cela dépendra de l'heure du départ. – 5. Pour une nuit, ils se contenteront d'une chambre sans douche. – 6. Depuis quelque temps elle songeait à se remarier. – 7. Nous envisageons de passer notre retraite à Paris. – 8. Avez-vous réussi à le convaincre ? – 9. Ils ont convaincu leur ami de rester un jour de plus. – 10. Elles attendent l'heure du départ.

Construction de phrases

4 *Proposition*

Je reste chez moi – je nettoie – je travaille – je sors – je marche – je cours – je me dépêche – je lis – j'écris – je rentre – je mange – je dors…

5

Le boulanger : Il allume son four – il verse la farine – il ajoute le levain – il le laisse gonfler – il pétrit la pâte – il fait des pains – il enfourne les croissants – il vend des brioches – il sert les clients – il compte sa monnaie…

L'agent de police : Il met son uniforme – il prend son pistolet – il règle la circulation – il renseigne les passants – il dresse des procès-verbaux – il donne des contraventions – il aide les étrangers – il protège les citoyens – il arrête le voleur – il respecte la loi…

La secrétaire : Elle tape les lettres – elle ouvre le courrier – elle corrige ses fautes – elle classe la correspondance – elle connaît la sténo – elle renseigne les clients – elle aide son directeur – elle rédige un compte-rendu – elle utilise un ordinateur – elle assiste le chef de service…

6

Madame Dupont a écrit à son frère – elle a téléphoné à sa mère – elle a parlé à ses voisins – elle a commencé à travailler – elle a continué à discuter – elle a essayé de se taire – elle a renoncé à le faire – elle a cédé à la tentation – elle a pensé à ses enfants – elle a pardonné à son mari…

7

1. Tous les enfants ont apporté des fleurs à l'institutrice. – **2.** En revenant, elle a posé son panier sur la table. – **3.** Il n'a pas voulu présenter ses excuses à sa collègue. – **4.** Elle se trouvait dans le car avec moi. – **5.** Je lui ai emprunté son parapluie et sa bicyclette. – **6.** Elle n'aime pas la couleur de mon imperméable. – **7.** Ces places sont réservées aux personnes âgées et aux mutilés. – **8.** Paul a été renvoyé de la classe par le directeur. – **9.** La secrétaire a remis le certificat à l'étudiante hollandaise. – **10.** Êtes-vous déjà allés voir ce film ?

8

1. Le malade est reçu par le médecin. – **2.** Le village était recouvert d'une épaisse couche de neige. – **3.** *(passif impossible)*. – **4.** *(passif impossible)*. – **5.** L'usine était occupée par les ouvriers. – **6.** Cet appartement a été habité par des étudiants. – **7.** *(passif impossible)*. – **8.** Le bail sera signé par le propriétaire et le locataire. – **9.** *(passif impossible)*. – **10.** L'assiette est décorée d'un joli motif.

Terminer les phrases

9

1. Elle aime beaucoup **les roses jaunes**. – **2.** Il pense à **sa nouvelle moto**. – **3.** Nous avons besoin de **vacances au bord de la mer**. – **4.** Maintenant nous **habitons un appartement plus tranquille**. – **5.** Êtes-vous prêts à **soutenir ce candidat** ? – **6.** Le directeur s'oppose à **la mutation du chef de service**. – **7.** Ils ont profité de **l'absence des propriétaires pour rentrer dans l'appartement**. – **8.** Depuis une heure ils attendent **la correspondance pour Lyon**. – **9.** Véronique a reçu **les félicitations du jury**. – **10.** Nous tenons vraiment à **un chauffage au gaz**.

10

1. Pour aller à Paris, il vous faudra **changer de train à Lyon**. – **2.** Nous ne voulons pas partir, nous tenons **à rester ici**. – **3.** Ses cheveux roux, elle les tient **de sa grand-mère**. – **4.** Sur ce célèbre tableau de Vinci, la Sainte Vierge tient **l'Enfant Jésus sur ses genoux**. – **5.** Elle est arrivée cinq minutes en retard et a manqué **le début de la conférence**. – **6.** Vous êtes trop sévère avec lui et souvent vous manquez **d'indulgence**. – **7.** Après les hors d'œuvres, le garçon a servi **le poisson**. – **8.** Calmez-vous, cela ne sert à rien **de vous énerver** – **9.** Cet outil sert **à faire des trous**. – **10.** Pour transporter la terre, il se sert **d'une brouette**.

Exercice créatif

11 *Proposition*

Comme d'habitude, Madame Pomme s'est réveillée à sept heures. Elle s'est rappelé qu'elle avait un rendez-vous important et qu'elle devait se préparer rapidement. Elle s'est assise sur son lit pour enfiler ses mules puis s'est dirigée vers la salle de bains. Allait-elle prendre un bain ou une douche ? Elle avait du temps, elle s'est donc penchée sur la baignoire pour faire couler le bain. Elle ne s'est pas enfermée pour se déshabiller : elle était seule dans son appartement et ne se méfiait pas. Elle est rentrée dans l'eau chaude et parfumée espérant se détendre avant d'aller travailler. Elle ne se doutait pas de ce qui allait se passer…
Quelle n'a pas été sa stupéfaction quand elle a entendu du bruit dans la cabine de douche non loin de la baignoire ; elle s'est relevée et s'est aperçu qu'un bras velu faisait couler l'eau chaude. « Qui est là ? » s'est-elle écriée et elle s'est évanouie de frayeur.

L'article

3

Articles et formes de la phrase

1

1. Elle aime les fleurs artificielles. – **2**. Je veux du sucre avec les fraises. – **3**. Ils ont de la chance. – **4**. J'ai besoin de vacances. – **5**. Il reste du pain. – **6**. Vous ferez le ménage et la vaisselle. – **7**. Ils ont changé de train. – **8**. Elle avait ajouté des illustrations à son devoir. – **9**. Il a fait les réservations pour sa famille et il aura des places. –**10**. Puisque vous avez besoin d'aide, je vous donnerai un coup de main.

2

1. Elle n'a pas de grande voiture pour transporter son matériel. – **2**. Ils n'ont pas encore le gaz de ville. – **3**. Ils ne boivent pas d'eau ni de cidre. (Ils ne boivent ni eau ni cidre.) – **4**. N'ajoute pas de sel. – **5**. Nous ne lui avons pas encore emprunté d'argent. – **6**. Il ne travaille toujours pas/jamais à l'usine. – **7**. Il ne faisait pas d'efforts pour se faire comprendre. – **8**. Il ne prend jamais de taxi quand il va à la gare. – **9**. Ne mets pas de chapeau ni de gants. – **10**. N'enlevez pas la poubelle du trottoir.

3

1. **Les** passants ont remarqué **des** voitures dont **les** roues étaient crevées. – **2**. **Nous** avons besoin **des** dictionnaires pour faire **les** traductions. – **3**. Il y avait **des** places libres. – **4**. **Les** chants **des** oiseaux **nous** ont réveillés. – **5**. Pour **leur** anniversaire, **elles** ont envie **de** disques et **de** plantes vertes. – **6**. **Ce sont les** petites filles qui veulent **de** belles poupées. – **7**. **Ils** sont arrivés à **la** gare en même temps que **nous**. – **8**. Garez-**vous aux** endroits qui **vous** sont réservés. – **9**. **Les** étudiants ont mal à **la** tête. – **10**. **Les** pattes **des** chevaux étaient couvertes **de** boue.

4

1. Il faudra rajouter **un peu de** cannelle à votre gâteau. – **2**. **La plupart des** gens s'abstiennent maintenant de voter. – **3**. Il te reste **assez de** temps pour finir ton devoir. – **4**. J'ai **encore des** dollars ; je peux t'en prêter pour ton voyage. – **5**. Il y a **suffisamment de** monde, la séance peut commencer. – **6**. **Beaucoup de** nuages sont arrivés et l'orage n'a pas tardé à éclater. – **7**. **Peu d'**élèves n'ont pas réussi au baccalauréat. – **8**. Le directeur a demandé **plus de** persévérance à ses employés pour venir à bout de ce travail. – **9**. **Trop d'**actes criminels restent impunis. – **10**. Il **n'a pas de** voiture pour aller travailler.

Choix de l'article

5

1. Vous avez **le** chauffage central ? Nous n'avons pas **le** chauffage central ; nous avons **un** gros poêle à mazout. – **2**. Vos voisins ont-ils **des** enfants ? Ils n'ont pas **d'**enfants, mais ils ont trois chiens – **3**. Font-ils **du** bruit ? Non, ils ne font pas **de** bruit, mais ils sont sales. – **4**. Est-ce que vos fenêtres ont **des** volets ? Elles n'ont pas **de** volets. Nous avons installé **des** doubles rideaux. – **5**. Y -a-t-il **de la** moquette sur le sol ou **du** plancher ? Il n'y a pas **de** moquette ni **de** plancher mais **du** carrelage. – **6**. Vous avez **la** télévision ; nous avons juste **la** radio. – **7**. Y-a-t-il **des** commerçants dans la proximité ? Il n'y a pas **de** commerçants, il y a heureusement **un** supermarché pas trop loin. – **8**. Avez-vous **un** lave-vaisselle ? C'est mon mari qui fait **la** vaisselle. – **9**. Avez-vous déjà **le** téléphone ? Nous n'avons pas encore **le** téléphone ; on nous l'installe dans deux jours. – **10**. J'espère que vous avez **une** chambre pour chaque enfant ? Non, nous n'avons pas **une** chambre pour chacun, ils sont tous les trois ensemble.

6

Dans **la** nuit du 28 au 29 décembre, **la** veuve Orcel, propriétaire d'**un** café rue Créqui à Grenoble, est assassinée. **Le** vol est apparemment le mobile **du** crime, car **la** chambre de **la** dame a été fouillée, et **une** importante somme d'argent a disparu. **Le** commissaire de police ouvre **une** enquête, et soupçonne **un** ouvrier tanneur, Auguste G. qui fréquentait **le** café. **Le** juge d'instruction pense qu'il s'agit plutôt d'**un** crime de **la** jalousie, que **le** nommé Sauvage aurait commis. On arrête **les** deux hommes ; on les interroge et on procède à **une** perquisition à leur domicile. Chez tous les deux on retrouve une chemise avec **des** taches de sang. Les voisins disent avoir entendu **le** bruit d'**une** bataille et **les** cris de **la** victime, mais ils n'ont vu aucun **des** suspects. Auguste G, comme Sauvage, clame qu'il n'est pas **le** coupable et tous deux fournissent **un** alibi pour **la** nuit **du** meurtre. Le juge, dans l'impossibilité de trouver **la** vérité, se décide à relâcher **les** suspects. Par **la** suite, ni **la** police, ni **le** juge ne seront capables de mener à bien leur enquête et de trouver **le** ou **les** coupables, et **le** crime restera impuni.

7

Valérie est malade au lit et, pour se distraire, demande à sa mère de lui raconter ce qu'elle voit par la fenêtre.
- Raconte-moi ce que tu vois dans **la** rue, maman.
- Je vois **un** homme qui se promène avec **un/son** petit chien noir. Tu sais, c'est **le/ce** monsieur qui habite près de **l'**école de musique. Il va **à** la boucherie mais il laisse **le/son** chien dehors.
- Mais pourquoi ?
- Tu sais bien que **les** animaux ne sont pas acceptés dans **les** magasins d'alimentation et ce boucher est **un** commerçant très maniaque qui n'admet pas **la** moindre saleté dans sa boutique.
- Moi je trouve que c'est **un** méchant bonhomme. Il ne faut plus aller chez lui.
- Allons, allons calme-toi. **Le** monsieur ressort **du** magasin et il donne à **son/au** chien **une** tranche de saucisson. Tu vois que **le/ce** boucher n'est pas si méchant que ça.
- Et qu'est-ce qu'il fait **le** type maintenant ?
- Rien, il semble attendre quelqu'un. Ah ! **une** dame traverse **la** rue dans sa direction, elle l'embrasse, elle lui prend **le** bras. Ils s'en vont vers **le** parc.
- Et **le/leur** chien ?
- Il trotte derrière eux. C'est **un** très gentil chien !

8

1. Va te laver **les** mains. – **2**. Tu te payes **ma** tête ! – **3**. Regarde-moi dans **les** yeux. – **4**. Un charmant jeune homme a offert **son** bras à la vieille dame pour l'aider à traverser. – **5**. Elle s'est cassé **la** jambe. – **6**. Le coiffeur lui a coupé **les** cheveux. – **7**. Elle tenait dans **les** bras un enfant tout blond. – **8**. Il a **la** jambe dans le plâtre. – **9**. Il a beaucoup maigri et **ses** jambes ne le portent plus. – **10**. Vous devez utiliser tous les soirs cette crème pour hydrater **votre** peau.

9

1. Prenez 200 g de beurre et 3 œufs ; mélangez **le** beurre et **les** œufs jusqu'à ce que vous obteniez **un** mélange blanc et mousseux. – **2**. En gagnant **le** gros lot, il a eu **la** chance de sa vie. – **3**. En ce moment il fait **un** temps bizarre : **le** matin il y a **du** soleil et l'après-midi ça se couvre ; **le** vent se lève et il y a **des** orages. – **4**. Tu as vraiment **du** courage d'entreprendre de tels travaux ! Oh ! ce n'est pas **le** courage qui me manque, c'est **l'**argent ! – **5**. Il fait **du** ski et **de l'**escalade mais par-dessus tout il aime **les** randonnées. – **6**. Elle voulait qu'il fasse **du** violon mais il a préféré **le** piano. – **7**. Il a **de la** persévérance et **du** goût mais il manque d'ambition. – **8**. En première partie, elle jouera **du** Mozart et **du** Schubert. – **9**. Que boirez-vous avec **la** choucroute, **du** vin ou **de la** bière ? – **10**. Pendant que nous ramassions **des** champignons, ils coupaient **du** bois.

Articles et prépositions

10

1. Il a envoyé son paquet par avion. – 2. La porte était fermée par **un** verrou. – 3. Par bonheur, ils n'ont pas été blessés. – 4. C'est par **le** plus grand des hasards que nous l'avons rencontré. – 5. L'été, elle se lève avec **le** jour. – 6. Essayez de lui répondre avec courtoisie. – 7. Cette douleur passera avec **le** temps. – 8. C'est une maison sans confort. – 9. Le loyer s'élève à 2 500 francs sans **les** charges. – 10. Je voudrais un livre pour enfants. – 11. Pour **une** fois, je serai absent. – 12. Ne partez pas sans **un** vêtement chaud. – 13. Le magasin est fermé pour réparations. – 14. Vous pouvez payer avec **la** carte bleue.

11

a) Il te faut **des** pommes de terre; **de la** crème fraîche; **du** lait; **du** beurre; **de l'**ail; **des** épices.
b) Je voudrais **un** kilo et demi **de** pommes de terre; **un** pot de 250 g **de** crème fraîche; **un** demi litre **de** lait; **une** plaquette de beurre **de** 250 g; **une** tête **d'**ail; **du** sel fin, **du** poivre moulu et **de la** noix **de** muscade.
c) Épluchez un kilo et demi de pommes de terre; coupez-les en rondelles fines et faites les cuire dans le lait dix minutes. Beurrez un plat à gratin; versez les pommes de terre dedans puis rajoutez deux gousses d'ail écrasées, la noix de muscade râpée, le reste du beurre et le pot de crème. Salez, poivrez. Faites cuire dans le four à thermostat 7 pendant 40 minutes.
Remarque: Pour rédiger une recette, on peut utiliser l'impératif, l'infinitif ou le présent de l'indicatif.

12 *Exercice de créativité*
Remarque: On utilise l'article défini quand on parle en général d'une matière ou d'une notion. On utilise l'article partitif quand on ne considère qu'une partie de cette matière ou de la notion. Si le nom est suivi d'un qualificatif, il sera alors plutôt précédé d'un article indéfini. Si le nom est suivi d'une expansion qui le caractérise ou le qualifie (subordonnées relative ou circonstancielle), il sera alors plutôt précédé d'un article défini.

13

1. Il a été chargé **du** compte rendu de la séance. – 2. Il s'est rendu **à la** gare pour prendre son billet. – 3. Ils ont peur **du** froid et se sont habillés chaudement. – 4. Vous souvenez-vous **des** années qui ont suivi la guerre? – 5. Elle a renoncé **aux** cigarettes devant les conseils de toute sa famille. – 6. Elle joue **du** trombone. Comment, elle si menue, peut-elle jouer **d'un** instrument aussi gros? – 7. Il est inscrit **au** chômage depuis trois mois. – 8. La maison était protégée **du** vent par une haie de cyprès. – 9. Il lui parlait **d'une** voix douce. – 10. Il est bien malade, il a la folie **de la** persécution.

14 *Exercice de créativité: propositions*

Activité	Sylvie	Éric
Musique	Elle adore la musique classique.	Lui n'aime que le jazz et le rap.
Couleurs	Elle déteste les couleurs vives.	Lui adore les teintes pastel…
Nourriture		
Sport		
Vêtements		
Mobilier		
Vacances		
Nombre d'enfants		
Littérature		
Voyages		
Climat		
Amis		

15 ❦ ❦ *Exercice de créativité : propositions*

1. – Emily : Je voudrais des crudités en entrée, puis une entrecôte avec des endives braisées et pour le dessert une tarte tatin.
- Le garçon : Quelle cuisson l'entrecôte ? Emily : À point.
- Luc : Moi, je prendrai la terrine du chef, une escalope viennoise avec des frites et en dessert des fraises.
- Le garçon : Avec ou sans chantilly ? Luc : juste du sucre.

2. – Un ami rencontré plus tard : Alors, on mange comment dans ce restaurant ?
- Emily : Je n'y remettrai plus les pieds. Il y avait trop de vinaigre dans la salade et ce n'était pas de l'huile d'olive (un restaurant qui se dit provençal !), l'entrecôte était crue et dure, les endives étaient mangeables, mais la tarte tatin était glacée alors qu'elle doit être tiède.
- Luc : Tu exagères, moi j'ai trouvé que ce n'était pas si mal. La terrine était très bonne, l'escalope tout à fait tendre ; bon, les fraises n'avaient pas beaucoup de goût, mais ce n'est pas encore l'été.
- Emily : De toute façon, tu es toujours content ; ce n'est même pas la peine de te demander ton avis.

16 ❦

1. Vous connaissez **la** Finlande ? – **2.** **Le** Danemark n'est pas loin de **la** Belgique. – **3.** Elle revient **du** Portugal. – **4.** Nous retournons **au** Brésil. – **5.** Il parle **du** Mexique comme s'il y avait vécu toute sa vie. – **6.** Il ne connaît pas encore Israël. – **7.** **La** Corse et **les** Baléares sont des îles très fréquentées par les touristes. – **8.** Elle se souvient de **la** Chine d'avant Mao. – **9.** Ils partent pour **la** Thaïlande. – **10.** Ce vase provient **de** Chine.

Omission de l'article

17 ❦ ❦

1. Je l'ai rencontrée par hasard, vraiment par **le** plus grand des hasards. – **2.** Si tu sors sans manteau, tu vas prendre froid ; tu vas attraper **un** rhume ou même **la** grippe. – **3.** Il l'avait prise par **la** main. – **4.** Il est venu en bateau mais il repartira en avion pour gagner **du** temps. – **5.** Il s'est appuyé contre **le** mur pour ne pas perdre **l'**équilibre. – **6.** Sur le coup, je n'ai pas compris ce qu'il avait derrière **la** tête. – **7.** Tu ne dois pas perdre courage et te remettre **au** travail sans tarder. – **8.** En Auvergne, **de** nombreux lacs sont **les** cratères d'anciens volcans. – **9.** Il avait faim ; **une** faim de loup. – **10.** Il a glissé et a descendu **la** pente sur **le** dos.

Possessifs et démonstratifs

Adjectifs et pronoms possessifs

1

a) Monsieur: – On m'a pris mes jumelles, mon blouson, ma moto, mon ordinateur, mes skis, ma carabine.
Madame: – Ils m'ont volé mes colliers de perles, mon manteau, ma garde-robe, mon argenterie, ma vaisselle, ma bague.
Les enfants: – Ils nous ont pris nos bicyclettes, nos baladeurs, notre train électrique, notre billard, notre poney, notre planche à voile.
b) Monsieur: – On lui a volé ses colliers, son manteau, sa garde-robe, son argenterie, sa vaisselle, sa bague.
Monsieur: – On leur a pris leurs bicyclettes, leurs baladeurs, leur train électrique, leur billard, leur poney, leur planche à voile.
c) Le couple: On nous a volé notre horloge, notre voiture, nos disques, notre téléviseur, notre chaîne hi-fi, nos appareils ménagers.
d) Votre; Vos; votre; votre; mes… nos… leur, ma… son; vos; leurs.

2

1. tes skis – **2.** vos vêtements – **3.** ta voiture – **4.** Vos enfants – **5.** Ton mari. – **6.** mes résultats – **7.** Votre appartement. – **8.** Les examens – **9.** mon petit-déjeuner – **10.** ta voiture – **11.** mes parents – **12.** Mon rasoir.

Autres façons d'exprimer la possession

3 *Propositions*

- C'est le livre du professeur.
- C'est la voiture du ministre.
- Les bijoux sont à la femme du directeur.
- La voiture appartient à la voisine.
- Le père de Bruno possède des skis et une planche à voile.
- Ce sont les outils du boulanger.
- Les cassettes appartiennent aux enfants.

4

1. elle s'est fait couper les cheveux. – **2.** elle s'est cassé la jambe. – **3.** elle s'est fait refaire le nez. – **4.** elle s'est laqué les ongles. – **5.** elle s'est tordu la cheville. – **6.** elle s'est coupé le doigt. – **7.** elle s'est brossé les dents. – **8.** elle s'est épilé les jambes.

Adjectifs démonstratifs

5

1. Ce film… – **2.** Cette région… – **3.** Cette ville… – **4.** Ce vin… – **5.** Ces gâteaux… – **6.** Ces voitures… – **7.** Ce sport… – **8.** Ces bonbons… – **9.** Ces fleurs… – **10.** Cet instrument…

6

1. ce garçon… – **2.** cet oiseau… – **3.** Cette race… – **4.** ces bonbons… – **5.** ces gâteaux… – **6.** ce monsieur… – **7.** Ces voitures… – **8.** Cette espèce…

7
1. cette marque-là – 2. ces filles-là – 3. ces voisins-là – 4. cette variété-là – 5. Ce type-là – 6. Ce phénomène-là – 7. ce genre d'homme-là. – 8. cet appartement-là – 9. ce temps-là.

Pronoms démonstratifs

8
1. celle-là. – 2. ceux-là – 3. celui-ci – 4. Celui-ci… celui-là – 5. Celles-ci… celles-là – 6. ceux-là- 7. celui-ci… ceux-là.

9
1. ceux de – 2. celle de – 3. celles des – 4. celui de la – 5. ceux du – 6. celui du.

10
1. ce – 2. c' – 3. cela *ou* ça – 4. ce – 5. cela *ou* ça – 6. ça. – 7. ce, Ce – 8. ce *ou* ça. – 9. Ça, C', ça – 10. Ça.

11
1. ce – 2. ceux – 3. ce – 4. Ceux – 5. ce – 6. ceux – 7. ce – 8. ceux.

Synthèse (possessifs et démonstratifs)

12
1. ces ; celles ; les tiennes ; ma – 2. ma ; la sienne ; la mienne ; tes – 3. celles ; les miennes – 4. vos ; les vôtres ; ceux… celles – 5. mes ; les miens ; les vôtres ; les miens – 6. notre ; la nôtre ; leurs… leurs – 7. ma, la mienne, la tienne – 8. cette ; ma ; ma ; celle ; ses ; les siennes.

Les pronoms personnels

Corpus d'observation

1

1) 3. Les = les dessins – Tu aimes les dessins, toi ? – **6**. les = ces croûtes ;… je ne lui paierai pas ces croûtes le prix qu'il en demande. – **7**. Ah, les voilà ! = les Martin ; Voilà les Martin ! – **8**. l'= ce tableau-là ;… je voudrais bien que quelqu'un m'explique ce tableau. – **10**. le = le peintre ; Je vous présenterai le peintre – **12**. le = ce tableau ; Je vous laisserai simplement regarder ce tableau.

2) Les verbes ne sont pas de même nature et ne se construisent donc pas de la même façon :
= l'(8) je voudrais bien que quelqu'un m'explique ce tableau.
= en (12) je ne vous parlerai pas de ce tableau.
= le (12) je vous laisserai simplement regarder ce tableau.
= en (13) je n'ai pas encore vu de tableaux comme ça.

3) - me (1) et moi (9) = « je », la personne qui parle.
vous (12) = la personne à qui on parle.
lui (2) lui (6) = le peintre, la personne dont on parle.
leur (5) = les critiques.
 – plaire à quelqu'un – acheter quelque chose à quelqu'un – faire confiance à quelqu'un – payer quelque chose à quelqu'un – expliquer quelque chose à quelqu'un – parler à quelqu'un.

4) avec eux ; à nous ; avec eux ; de vous.

5) y = je ne comprends rien à ce tableau, à cette peinture.
y = je vous emmènerai à son atelier = un lieu

6) Sa place est toujours devant le verbe dont le pronom est complément, sauf à l'impératif affirmatif.

7) (1) me l'
(2) d'abord le pronom indirect ensuite le pronom direct ou LE
(8) me l'   ou EN
(10) vous le
(12) vous en
(6) les lui   sauf à la troisième personne (au pluriel aussi)
(14) vous y   d'abord le pronom direct, ensuite le Y de lieu

8) On parle de « cette aquarelle ». Dans d'autres phrases, le pronom de reprise utilisé serait LA, mais ici nous avons : « Je vais **en** acheter une reproduction (= **une** reproduction de cette aquarelle) et je **la** mettrai en face de mon lit. » Ici, LA reprend « **une** reproduction de cette aquarelle », déjà exprimé par EN avant. Pourquoi ? Parce que maintenant, la reproduction est définie, on en a déjà parlé : ce n'est plus UNE, mais CELLE-CI.

Exercices
Pronoms toniques

1

1. moi… nous – **2.** toi… vous – **3.** nous… nous, eux… moi – **4.** toi… lui… vous… – **5.** vous… moi… nous – **6.** lui… elle… ils – **7.** ils… lui… eux – **8.** eux… ils… – **9.** vous.

2

1. Je l'ai fait pour toi. – **2.** Ils sont toujours assis à côté d'elles. – **3.** Oui, il l'a faite à cause d'eux. – **4.** Il l'a eu grâce à lui. – **5.** Oui, elle habite chez moi. – **6.** Oui, je veux m'asseoir près de lui. – **7.** Il est malheureux sans elle. – **8.** Je me sens heureux parmi eux. – **9.** Si, je suis triste, loin d'eux. – **10.** Oui, je veux bien y aller avec vous. – **11.** Oui, elle est partie camper avec elles.

3

1. Vous avez besoin d'aide et vous appelez au secours. – **2.** Devant une porte en laissant passer une personne. – **3.** Vous dites à quelqu'un de parler ou d'agir. – **4.** Vous êtes encore occupé pour un petit moment et vous demandez à la personne de patienter. – **5.** Vous êtes totalement disponible pour écouter la personne. – **6.** Expression de plaisir de se retrouver dans sa maison, quand on parle en général. – **7.** Vous demandez confirmation, le rendez-vous prévu est bien au domicile de l'autre. – **8.** Ils ne sont jamais à leur domicile. – **9.** Ils se comportent grossièrement, comme s'ils étaient dans propre leur maison. – **10.** Tu as toujours ce genre de comportement. – **11.** Vous dites à vos invités de faire comme s'ils étaient à leur domicile, de s'asseoir… – **12.** Il vient de vous arriver quelque chose de désagréable et vous trouvez que vous n'avez pas de chance. – **13.** Vous avez l'impression qu'ils ont un avis différent et vous voudriez connaître leur explication. – **14.** Ils ne veulent pas qu'il y ait des intrus.

Pronoms EN ou LE, LA, LES

4

1. les – **2.** l' – **3.** la – **4.** la – **5.** le – **6.** la… le, les – **7.** la – **8.** le – **9.** les – **10.** l'.

5

1. J'en ai mangé seulement une barre. – **2.** J'en ai bu seulement un bol. – **3.** J'en ai mangé seulement une. – **4.** J'en ai mangé seulement une cuisse. – **5.** J'en ai croqué seulement deux. – **6.** Je n'en ai sifflé qu'une douzaine. – **7.** Je n'en ai grignoté que quelques uns. – **8.** Je n'en ai entamé que deux ou trois. – **9.** J'en ai mangé seulement un petit morceau. – **10.** Je n'en ai bu qu'une goutte.

6

a) **1.** n'en… les – **2.** j'en… j'en – **3.** la, j'en. – **4.** en, d'en… le.
b) le ; n'en ; j'en ; j'en.

Pronoms EN ou Y

7

Je m'y rendrai à 17 heures ; je m'y assiérai ; je n'en bougerai pas ; j'y resterai même s'il pleut ; j'en sortirai par la Grand rue ; j'en ferai trois fois le tour ; j'en partirai par le jardin de ville ; je m'y promènerai ; j'y reviendrai ; j'y entrerai ; j'y attendrai le signal.

Attention à garder un sens au texte ! Vous ne pouvez pas utiliser autant de pronoms que dans le dialogue. Un pronom sert à répéter un élément déjà cité précédemment. N'oubliez pas de citer clairement dans le texte les éléments qui apparaissent pour la première fois. Il y a plusieurs agencements possibles.

8

m'y intéresse ; je n'y ai jamais pensé ; j'y adhère ; m'y joindre ; y travailler ; y amuserons ensemble ; vous y inscrire ; y renoncer… y.

9

1. la ; j'en… j'y – 2. s'y ; y, en ; le – 3. s'y ; j'en ; y ; n'en ; la – y ; n'en ; la ; y ; le… y.

Pronoms directs ou indirects

10

Avec les verbes qui se construisent avec la préposition À, il faut utiliser le pronom indirect LUI (singulier masculin ou féminin) ou LEUR (pluriel masculin ou féminin).
- Dans cet exercice ces verbes sont : raconter à, faire confiance à, envoyer des fleurs à…
Avec les autres verbes, il faut utiliser le pronom direct (masculin : le, l' ; féminin pluriel : les).
- Quelques autres verbes : offrir à, conseiller à, ordonner à… voir page 42 verbes de type 1.

11

1. je lui en offre souvent. – 2. je ne leur ai pas parlé. – 3. je lui écris. – 4. il m'a tout raconté. – 5. je vous fais confiance. – 6. il m'a (nous a) conseillé de… – 7. on nous a interdit d'entrer. – 8. je te l'envoie.

12

1. les ; leur… les… leur, les.
2. *Propositions.*
Aux fiancées, il faut…
- leur offrir des fleurs ;
- leur téléphoner tous les jours ;
- ne pas leur faire de scènes de jalousie ;
- leur écrire des mots doux ;
- leur faire des compliments ;
- leur offrir des bijoux ;
- les couvrir de cadeaux ;
- les inviter au restaurant ;
- les écouter attentivement ;
- leur pardonner leurs petits défauts ;
- ne pas les battre ;
- ne pas les insulter ;
- ne pas leur dire de méchancetés ;
- leur dire leurs quatre vérités ;
- ne pas les emmener aux matchs de foot ;
- les emmener au salon de thé.

13

Le choix dépend :
1. de la construction du verbe avec À ou DE.
2. du complément représenté par le pronom : personnes ou objets et idées.

Compléments avec À	Compléments avec DE
personnes, objets ou idées : à + pronom y	personnes, objets ou idées : de + pronom en
toniques : à lui, à eux, à nous…	toniques : d'elle, de moi, de vous…

14

1. J'en pense du bien. – 2. J'en dirai du bien. – 3. Je dirai du bien de lui. – 4. J'en rêverai souvent. – 5. Je ne rêverai pas de lui. – 6. J'en avais entendu parler par un catalogue. – 7. J'avais entendu parler de lui par la télévision. – 8. Nous en parlions souvent. – 9. Nous avons parlé d'elles une fois. – 10. Nous ne nous sommes pas moqués d'eux. – 11. Je m'en suis occupé quelquefois. – 12. Je me suis bien occupé d'eux. – 13. Il ne s'est jamais moqué de nous. – 14. Je me souviens très bien de lui. Je ne m'en souviens plus du tout. – 15. Nous nous en sommes servis une fois. – 16. Ils ne se sont jamais plaints d'eux ? – 17. Il a eu besoin de lui plusieurs fois. – 18. Je n'en ai jamais eu besoin.

Pronoms et construction des verbes

15

1. j'y ai songé. – 2. je ne m'associe pas à eux. – 3. je n'y suis pas opposé. – 4. j'y réfléchis intensément. – 5. j'y suis ouvert. – 6. je me joindrai à eux. – 7. je lui en ai parlé. – 8. il s'y est montré réceptif. – 9. lui faire confiance. – 10. il s'est opposé à nous. – 11. je leur conseille de voter pour lui. – 12. ils s'y sont déjà habitués. – 13. ils s'intéressent à nous. – 14. ils nous font confiance. – 15. je n'y renoncerais pas. – 16. à elle ? – 17. d'y faire attention. – 18. je tiens à y participer. – 19. je n'y ai jamais été inscrit. – 20. de penser à lui. – 21. d'y penser. – 22. lui apporte. – 23. elle m'est nécessaire.

16

1. de lui. – 2. j'en ai parlé – 3. elle s'y est inscrite – 4. je ferai bien attention à lui. – 5. y tient beaucoup. – 6. de moi ? – 7. y pense – 8. qu'il y sera favorable – 9. tu n'en as pas besoin… y arriver tout seul. – 10. je m'occuperai d'eux – 11. n'y… en revient – 12. il s'est habitué à eux.

Pronoms et impératif

17

1. Achète-toi une glace. – 2. Racontez-moi vos aventures. – 3. Apporte-leur une bonne bouteille. – 4. Retournes-y en vitesse. – 5. Change-le de place. – 6. Demande-lui de partir. – 7. Nettoyez-la à fond. – 8. Rangez-les dans le placard. – 9. Joignez-vous. – 10. Faites-vous un petit café. – 11. Manges-en un morceau. – 12. Adressez-vous à moi. – 13. Faites attention à elles. – 14. Réfléchis-y. – 15. Préoccupe-toi de lui.

18

1. Ne lui téléphone pas. – 2. N'en emporte pas. – 3. Ne les lave pas. – 4. Ne la refais pas. – 5. Ne fais pas attention à eux. – 6. Ne leur demande pas conseil. – 7. Ne m'emmène pas au Maroc. – 8. Ne nous (m') offre pas de Cadillac. – 9. Ne t'achète pas de voiture. – 10. N'y va pas. – 11. N'en emprunte pas. – 12. Ne t'y appuie pas. – 13. Ne t'habitue pas à lui. – 14. Ne t'y intéresse pas. – 15. Ne te préoccupe pas d'elle. – 16. Ne nous (me) confie pas ton secret.

19

1. Lavez le / ne le lavez pas. – 2. Finissez-les. / Ne les finissez pas. – 3. Donnez-nous vos dessins. / Ne nous donnez pas vos dessins. – 4. Téléphonez-lui. / Ne lui téléphonez pas. – 5. Prenez-en. / N'en prenez pas. – 6. Buvez-en un verre. / N'en buvez pas. – 7. Allez-y. / N'y allez pas. – 8. Achetez-vous des bonbons. / Ne vous achetez pas de bonbons. – 9. Faites-leur confiance. / Ne leur faites pas confiance. – 10. Rapportez-la. / Ne la rapportez pas. – 11. Consacrez-leur du temps. / Ne leur consacrez pas de temps. – 12. Joignez-vous à nous. / Ne vous joignez pas à nous. – 13. Montrez-moi vos devoirs. / Ne me montrez pas vos devoirs. – 14. Ne lui donnez pas votre livre. / Donnez-lui votre livre.

Pronoms et infinitif

20

1. les... les... eux... eux... leur, leur. – 2. l'... le... lui... lui, lui... lui... le. – 3. la... lui... l', elle... elle... lui, l'... la. – 4. se... s'... se, s'... soi.

21

1. Il saura le lui expliquer. – 2. Il rêve d'en posséder une. – 3. Elle peut le faire. – 4. Elle a voulu y aller. – 5. Ils ont envie de nous rejoindre. – 6. Ils rêvent d'y passer quelques jours. – 7. Il aime leur faire peur. – 8. Il désire y aller. – 9. Ils ont envie d'en acheter.

22

1. Il a décidé de ne pas y aller. – 2. Elle a décidé de ne pas lui parler. – 3. Ils redoutaient de ne pas leur plaire. – 4. Nous avons craint de ne pas la reconnaître. – 5. Elle a promis de ne plus en manger. – 6. Il a promis de ne plus en parler. – 7. Ils ont promis de ne plus en reparler. – 8. Il a juré de ne plus en boire. – 9. Il a décidé de ne pas y rester.

23 *Exercice de créativité*

1. Je veux **le** placer dans une chaussure...
2. Je peux **leur** donner à manger ; les cacher...

24

1. Je les ai écoutés chanter. – 2. Je te regarde dormir. – 3. Ils nous laissent regarder la télé. – 4. Nous les verrons arriver. – 5. Nous l'avons vu se produire. – 6. Ils l'ont sentie trembler. – 7. Elles m'ont vu sortir. – 8. Vous m'avez vu passer. – 9. Il t'a entendu partir. – 10. Il m'a écoutée dire le texte. – 11. Nous vous avons laissés faire des bêtises. – 12. Nous l'avons fait travailler. – 13. Il en a entendu parler. – 14. Il l'emmène déjeuner.

25

1. Marc l'a encouragé à le demander. – 2. Jacques lui a suggéré d'en parler à un conseiller. – 3. Sophie lui a déconseillé de le faire. – 4. Manuel lui a conseillé d'y réfléchir encore. – 5. Bernadette lui a dit de ne pas le demander. – 6. Violette l'a supplié de ne plus y penser. – 7. Annie lui a ordonné de ne plus en parler. – 8. Martin lui a demandé de ne pas les abandonner. – 9. Patrick lui a conseillé de ne pas le quitter. – 10. Claudine lui a suggéré d'y rester. – 11. Carlo l'a poussé à parler avec elle. – 12. Martin l'a convaincu de ne pas la mettre à la porte.

Pronoms et phrases

26

1. Elle pensait qu'il était stupide. – 2. Il croyait qu'ils étaient mieux informés. – 3. Elle est sûre de lui avoir parlé de cette affaire. – 4. Elle croyait qu'il n'était pas à son travail. – 5. Il lui aurait parlé de l'arrivée de Pierre. – 6. Il lui a confirmé que la réunion aurait bien lieu le 17. – 7. Ils doivent faire attention de payer tout le monde de la même façon. – 8. Il fera savoir qu'il refuse de faire ce travail. – 9. Il l'estime capable de tuer sa femme. – 10. Ils tiennent à garder leur situation. – 11. Il a pensé à venir l'aider.

- LE remplace des phrases avec QUE ;
- Y remplace des phrases avec À ;
- EN remplace des phrases avec DE et aussi des phrases avec QUE (J'ai envie que tu viennes : j'en ai envie ; cf. j'ai envie **de** pain).

27

1. Je le regrette. – 2. Je le pense. – 3. On me l'a dit. – 4. Je le veux. – 5. Je le fais quelquefois. – 6. Je ne le raconte jamais. – 7. Je l'ai bien compris.

28

1. Il en est satisfait. – 2. Elle n'en est pas mécontente. – 3. Il en est assez fier. – 4. Ils en sont ravis. – 5. Elle en est enchantée. – 6. J'en suis content. – 7. J'en suis satisfait.

29

1. Je vais y penser. – 2. Il y tient. – 3. Je m'y habitue. – 4. Il va s'y mettre. – 5. Il y consent. – 6. Il y a réfléchi. – 7. Il y est arrivé.

30

1. J'en suis sûr. – 2. Il en rêve. – 3. Elle en a besoin. – 4. Elle en souffre. – 5. Je m'en inquiète. – 6. Je ne m'en moque pas. – 7. Il en est très fier.

31

Il en a besoin (2); Je le crains (2); Elle s'en passe (2); Je le regrette (2); Ils en ont envie (2); Ils l'apprécient (2); Il en est capable (2); Tu le lui as conseillé (2); tu t'en souviens (2).

La construction du verbe avec un nom détermine celle du verbe avec l'infinitif introduite par DE.

Synthèse

32

- Sophie : les ; les.
- Alain : y ; toi… les… le.
- Sophie : les… le… moi, y.
- Alain : te ; te.
- Sophie : me ; le ; te ; en.
- Alain : l'.
- Sophie : l', l'… la.
- Alain : y.
- Sophie : la, nous (me)… lui ; nous… les ; en.
- Alain : te, les… leur.
- Sophie : moi.
- Alain : leur, nous ; en.

Deux pronoms et indicatif

33

Consultez les tableaux au début du chapitre.

34

1. le lui – 2. la leur – 3. la lui – 4. les leur – 5. le leur – 6. les lui. – 7. le lui. – 8. la leur.

35

1. te la – 2. nous les – 3. vous la. – 4. te les. – 5. te le – 6. vous le. – 7. vous le.

36
me l'; le lui; le lui; me l'; me la; te le; me le; le leur; nous le; la leur; vous l'; nous l'.

37
lui en; leur en; lui en; m'en; t'en; nous en; m'en; lui en; vous en.

38
vous la; me l'; vous l'; vous le; le lui… vous en; le lui; les leur; le moi; m'en; nous en; leur en; le leur; leur en.

39
les… avec lui; le… avec toi; le… avec moi; y… avec moi; y… avec eux; les… pour moi; le… pour toi; en… sans elle; en… avec elle; la… lui; la, moi !

Deux pronoms et impératif

40
2. Donnez-le leur — ne le leur donnez pas.
3. Téléphonez-la lui — ne la lui téléphonez pas.
4. Préparez m'en un — ne m'en préparez pas.
5. Rappelez-les moi — ne me les rappelez pas.
6. Accordez vous en une — ne vous en accordez pas.
7. Emmenez l'y — ne l'y emmenez pas.
8. Confiez-les lui — ne les lui confiez pas.
9. Accompagnez-nous y — ne nous y accompagnez pas.
10. Expliquez-la leur — ne la leur expliquez pas.
11. Parlez-lui en — ne lui en parlez pas.
12. Prenez-en un avec eux — n'en prenez pas avec eux.
13. Parlez-lui de lui — ne lui parlez pas de lui.

41
1. Prenez-en un, si vous voulez. – 2. Vendez-la ; achetez en une autre. – 3. Ouvrez-la un peu. – 4. Prête-le moi. – 5. Apporte-les moi. – 6. Donne-le lui. – 7. Téléphone-leur. – 8. Ne lui en parle pas. – 9. N'y va pas. – 10. N'en loue pas. – 11. Ne me les prends pas. – 12. Ne te les achète pas. – 13. Ne nous en apportez pas. – 14. Ne m'y emmène surtout pas. – 15. Ne le bois pas. – 16. Amène-les. – 17. N'en mangez pas trop. – 18. Ne leur en parle pas. – 19. Ne l'y oublie pas. – 20. Emmène les-y.

Deux pronoms et infinitif

42
1. Il a décidé de les y emmener. – 2. Ils ne peuvent pas la leur dire. – 3. Aide-moi à la lui expliquer. – 4. Il saura me la réparer. – 5. Il refuse de les leur donner. – 6. Elle veut bien lui en offrir. – 7. Il a décidé de la lui cacher. – 8. Il va la leur apprendre. – 9. Elle n'a pas voulu lui en dire. – 10. Ils ont décidé de lui en envoyer un. – 11. Ils n'ont pas pu nous la confirmer.

Synthèse

43
je l'accepte. ; je le garderai. – je n'en parlerai à personne. – j'en prendrai un. – je ne

l'oublierai pas. – je le porterai – j'en emporterai un. – je penserai à en prendre une. – je les éviterai. – j'y ferai très attention. – j'y tiens. – vous ne pourrez pas lui téléphoner. – il ne faudra pas lui écrire. – vous aurez des ennuis avec elle. – vous devez en emporter un. – vous pouvez en emporter. – il faut que vous me les donniez. – j'en prendrai bien soin. – je le saluerai. – je les lui transmettrai. – comptez sur moi. – je penserai à lui en rapporter. – je la prendrai.

44

vous y installer; **y** déménageons; **le**… **le** louer; pouvoir **le** récupérer; **s'en** débarrasser. Qu'**en** pense; d'**y** aller… d'**y** revenir pour elle; Oh, **eux**!; On ne **leur en** a pas encore parlé; **les** mettre; **le leur** dire; **n'en** ont pas; **s'y** adaptent; **le leur** annoncer; **n'en** feront pas; ils ne nous le feront pas payer; je **t'en** demanderai; **me le** demander… si tu **en** as besoin.

45

les; y; les; toi… t'en; moi; toi; les y; t'… t'en; m'… lui, nous, leur, les, nous; toi; y; les; lui; y; les; en; toi… les; en… moi; te les; les moi; te les.

Les pronoms relatifs

Corpus d'observation

1

a) 1. une marguerite – **2.** des malfaiteurs – **3.** des femmes fatales – **4.** un briquet – **5.** avion, satellite… – **6.** Miss monde – **7.** OVNI, soucoupes volantes – **8.** la Joconde – **9.** la tour Eiffel – **10.** Versailles – **11.** des gratte-ciel – **12.** des statues – **13.** jardins publics, parcs. – **14.** Versailles.

b) Réponses du tableau corpus :

1	qui
4	qui
5	qui
3	que
11	que
2	dont
	dont
12	où l'
	où
	où l'
6	à qui
	auxquelles
7	auxquels
8	à laquelle
5	grâce auquel
2	sur lesquels
3	pour lesquelles
4	avec lequel
13	dans laquelle
10	au centre duquel
9	près de laquelle
11	autour desquelles

c) Il y a des pronoms relatifs simples et des pronoms relatifs composés.
Voir tableau pages 57 et 58 dans le livre.

Exercices
Pronoms relatifs simples

1 🌳 *Propositions*
J'adore… ou je déteste les… qui se prennent pour des génies ; qui parlent de manière affectée ; qui se comportent comme des machos ; qui portent du parfum ; qui se rongent les ongles ; qui utilisent la séduction en affaires ; qui jouent les victimes ; qui se prennent pour le nombril du monde ; qui savent parler seulement d'argent ; qui sont incapables d'écouter les autres ; qui utilisent tous les moyens pour réussir ; qui accordent trop d'importance aux apparences.

2 🌳
1. La femme que Paul a épousée vient du Togo. – **2.** Le bel Espagnol que Marie a suivi à Madrid est chef d'entreprise. – **3.** La jeune Suédoise que Marc a conquise est championne de ski de fond – **4.** Le diplomate anglais qu'Annie a connu au Club Méditerranée vient pour quelques jours. – **5.** Le musicien africain que Catherine a rencontré au Mali cet été veut la rejoindre à Paris. – **6.** Le peintre hongrois que Heidi veut épouser est spécialiste de l'art naïf. – **7.** L'informaticienne algérienne que John veut présenter à sa mère a fini ses études très jeune. – **8.** L'Italien que Lisbeth veut accompagner autour du monde navigue d'habitude en solitaire.

3 🌳 *Propositions*
1. … où tous les plus grands peintres sont exposés. – **2.** … où il fait bon vivre. – **3.** … où les arbres poussent à l'envers. – **4.** … où on entend marcher la nuit – **5.** … où il a une maison… – **6.** … où il est né. – **7.** … où la nature est exceptionnellement spectaculaire. – **8.** … où on a trouvé de nombreux ossements. – **9.** … où le châtelain enfermait ses épouses. – **10.** … où Chateaubriand a fait ses études.

4 🌳
1. Le téléphone a sonné juste à la seconde où je fermais la porte. – **2.** Pierre dormait devant sa télévision à l'heure où les astronautes sont redescendus sur terre. – **3.** L'enfant s'est réveillé en sursaut dans son lit à la seconde où un avion s'écrasait pas très loin de là. – **4.** Le cargo a heurté un récif à la minute où le capitaine donnait l'ordre de jeter l'ancre – **5.** Il a redressé le volant au moment où il allait percuter le camion. – **6.** L'inspecteur a désarmé le malfaiteur à l'instant où il était sur le point de tirer. – **7.** Nous avons réussi à ouvrir la porte juste au moment où il commençait à brûler les documents dans la cheminée. – **8.** Certains ne vivent que la nuit à l'heure où les autres dorment. – **9.** J'arriverai avec le gâteau et les bougies juste au moment où tu éteindras la lumière.

5 🌳
1. Ils se sont embrassés pour la première fois le soir où il est tombé en dansant au bal de l'université. – **2.** Elle l'a présenté à ses parents le jour où son frère a eu un accident de voiture. – **3.** Ils se sont fiancés un après-midi d'automne où il neigeait déjà. – **4.** Ils se sont mariés un matin de juillet où il y a eu le seul orage de la saison. – **5.** Ils sont allés en voyage de noces à Venise une semaine où il a plu sans arrêt. – **6.** Leur premier bébé est arrivé un soir où il y avait une tempête de neige et où le médecin était malade. – **7.** Leur deuxième enfant est né la nuit où il a été élu maire de leur village. – **8.** Ils ont eu leurs premières disputes l'année où elle a voulu recommencer à travailler.

6 🌳
1. Charlie a acheté à sa femme un diamant dont le prix est incroyable ! – **2.** Il n'accepte d'aller qu'à l'hôtel Carlton, dont la piscine est immense. – **3.** Il vient d'épouser une jeune

actrice dont la beauté est vraiment exceptionnelle. – **4**. Nous allons acheter sur la Côte d'Azur une propriété dont le jardin est magnifique. – **5**. Si vous voulez manger du caviar vraiment bon, achetez du caviar de la mer Noire dont le goût est inimitable. – **6**. Les Martin ont un appartement de trois cents mètres carrés dont les fenêtres donnent sur la tour Eiffel. – **7**. Annie vient de se marier avec un présentateur de télévision dont le salaire est de 10 000 euros par mois. – **8**. Je vais partir quelques mois en mer avec un milliardaire grec dont le yacht vaut une fortune. – **9**. Ils ont loué une superbe villa dont la piscine est chauffée par un système solaire.

7

1. Il aimerait bien visiter ces pays exotiques dont il a seulement entendu parler. – **2**. Nous devons attendre encore un peu pour acheter ces vélos dont les enfants ont envie. – **3**. Elle va souvent regarder dans la vitrine ce très beau manteau dont elle rêve depuis un mois. – **4**. Elle a des tas de problèmes financiers dont elle ne parle presque jamais. – **5**. Son fils a finalement trouvé un petit travail à mi-temps dont il est très content. – **6**. Il a refusé de leur donner l'argent dont ils avaient besoin. – **7**. Il va bientôt nous montrer sa petite maison dont il est très fier. – **8**. Excusez-moi de vous faire asseoir sur ce mauvais fauteuil dont je ferai bientôt du bois pour le feu.

8

1. J'aimerais beaucoup rencontrer cet écrivain célèbre dont on m'a tellement parlé. – **2**. J'ai enfin obtenu un rendez-vous avec cette actrice dont tout le monde parle en ce moment. – **3**. Je cherche un moyen de connaître ce grand patron dont tu as sûrement entendu parler. – **4**. Je suis curieux de voir ces chanteurs dont tout le monde dit du bien. – **5**. Je suis invité à une réception chez ces danseuses américaines dont tous les hommes sont fous. – **6**. Antoine va finalement nous présenter cette mystérieuse poétesse russe dont il est si fier. – **7**. Peux-tu me faire rencontrer cet homme d'affaires dont les journaux spécialisés disent du bien. – **8**. Marjorie garde pour elle ce séduisant danseur argentin dont elle est amoureuse.

9

1. Ce jeune homme que j'ai vu avec vous hier soir est très sympathique. – **2**. Il a longtemps travaillé au Brésil où il a rencontré sa femme. – **3**. Pierre avait besoin de mes livres que je n'ai pas pu lui prêter. – **4**. Il connaît bien ce petit village où il a passé ses vacances l'année dernière. – **5**. Jacques et Philippe sont des amis que j'emmène faire de l'alpinisme. – **6**. J'ai vu la voiture de Marie qui est toute cassée après son accident. –**7**. Il cherche un papier dont il a besoin. – **8**. Je suis allé souvent en Suède que je connais bien. – **9**. Nous sommes partis un dimanche matin où il pleuvait beaucoup. – **10**. Je reviens d'un long voyage dont je suis très contente. – **11**. Vous m'avez conseillé de lire ce livre que je n'ai pas pu acheter car il n'y en avait plus. – **12**. J'ai ramené chez elle une jeune fille qui avait manqué l'autobus – **13**. Est-ce que vous avez tapé les lettres que je vous ai données hier ? – **14**. J'ai perdu le bracelet en or dont ma mère m'avait fait cadeau. – **15**. Pierre a acheté un très beau tableau dont la couleur dominante est rouge. – **16**. Il a eu un grave accident le jour où il venait d'acheter sa voiture.

10

1. … mon frère qui est professeur. – **2**. … qui est un petit village où il y a une grande fête. – **3**. … réparé la machine dont j'ai besoin. – **4**. … taper la lettre que j'ai laissée sur votre bureau. – **5**. … me rappeler le nom du jeune homme dont vous m'avez parlé. – **6**. … ma serviette où il y avait des papiers importants. – **7**. … la ravissante jeune Asiatique qui était habillée tout en rouge mardi 10 octobre à 18 heures dans le métro. – **8**. … obtenir l'amour de Pierre dont je suis amoureuse et qui aime quelqu'un d'autre ?

11 🌳🌳 *Propositions*

1. Les spécialités alimentaires que vend ce magasin asiatique sont excellentes. – **2**. Les pains complets que propose cette boulangerie allemande viennent d'une usine pas loin d'ici. – **3**. Les vêtements bon marché qui remplissent les rayons de ce grand magasin anglais sont fabriqués à Hong-Kong. – **4**. La boutique grecque où il y a souvent des soldes ferme la semaine prochaine. – **5**. Les prix étonnants qu'annonce ce marchand de meubles suédois sont uniques dans la région. – **6**. L'hypermarché français dans lequel nous faisons nos courses en famille est vraiment formidable. – **7**. L'épicerie italienne qui vend les meilleures spécialités de la région se trouve près de la gare. – **8**. Le vin espagnol dont j'ai besoin pour ma sangria est en vente dans une petite coopérative du centre-ville. – **9**. La fromagerie suisse d'où vient cet excellent gruyère est peu connue, mais vaut le déplacement. – **10**. Les commerces algériens dont on m'a beaucoup parlé sont ouverts tous les jours et même la nuit.

12 🌳🌳🌳

a)

ÉTATS-UNIS – ACCIDENT D'AVION AVEC MARIJUANA
Un avion de tourisme s'est écrasé hier sur la base aéronavale de Jaksonville (Floride) ; plus de 200 kg de marijuana ont été retrouvés à son bord ; la marine américaine a indiqué que les deux personnes qui se trouvaient à bord ont été tuées. L'appareil était un bimoteur Piper Apache ; il s'était égaré dans un épais brouillard ; il a raté son atterrissage.

VENEZUELA – SYNDICALISTE ASSASSINÉ
Le président de la Centrale unique des travailleurs du Venezuela Hemmy Croes a été tué par balles dans la nuit de dimanche à lundi à Caracas. Des inconnus se trouvaient à bord d'une automobile ; ils ont tiré une rafale de mitraillette sur Hemmy Croes, cinquante-quatre ans ; il a succombé sur le coup, a précisé la police.

ÉCLAIR – 683 SUPPRESSIONS D'EMPLOIS D'ICI LE MOIS DE JUIN
Bernard Briand a repris à l'automne les piles Éclair. Il a indiqué hier que l'entreprise devrait procéder à la suppression de 683 employés d'ici à la fin du premier semestre ; les comptes de l'entreprise sont dans le rouge.

b)
Article 1 :
- Phrase 1 – Un bateau, qui transportait des produits toxiques, a coulé hier au large de Brest en faisant trois morts et deux blessés.
- Phrase 2 – Le bateau, dont le radar venait de tomber en panne, a heurté un récif près de la côte.
- Phrase 3 – Cette zone maritime, où de nombreux bateaux circulent, est la plus dangereuse de la Bretagne.

Article 2 :
- Phrase 1 – L'acteur Yann Laroche, qui habite en Suisse, a critiqué la France.
- Phrase 2 – L'acteur, dont toute la carrière s'est faite en France, est mécontent des orientations politiques du gouvernement.
- Phrase 3 – On est étonné que cet acteur célèbre, à qui la France n'a pourtant pas trop mal réussi, se plaigne d'elle…

Article 3 :
- Phrase 1 – Les consommateurs, qui rejettent de plus en plus l'abus de la publicité par courrier, ont trouvé un nouveau mode d'action.
- Phrase 2 – L'association de Marseille, qui reprend ainsi une initiative parisienne, vient d'im-

primer un autocollant « retour à l'envoyeur ».
- Phrase 3 – Cet autocollant, que vous pouvez coller sur les lettres des sociétés de vente par correspondance, permet de les renvoyer à l'envoyeur.
- Phrase 4 – Ce nouveau mode d'action, dont l'efficacité semble grande, sera bientôt élargi à toute la France.

c) *Exercice de créativité*

Pronoms relatifs composés

13
1. à laquelle – 2. auxquelles – 3. auquel – 4. à laquelle – 5. auquel – 6. auxquels – 7. à laquelle – 8. auxquels.

14
a) 1d ; 2e ; 3f ; 4a ; 5c ; 6b.

b) *Propositions*
1. avec lesquels il est tombé à l'eau hier. – 2. dans laquelle il lui avait donné sa bague de fiançailles. – 3. sur lesquelles on voit des clochers. – 4. sous lequel notre chat adore se cacher. – 5. pour lesquels j'ai tant travaillé. – 6. dans laquelle le héros est un enfant. – 7. dans lesquels il a rangé tous ses cours d'université.

15
1. La colline sur le flanc de laquelle le trésor est caché est élevée. – 2. L'île au centre de laquelle se trouve la colline est minuscule. – 3. Le rocher bleu à côté duquel se dresse l'arbre ressemble à une chèvre. – 4. Les arbres en direction desquels il faut marcher depuis la plage sont jaunes. – 5. Les sources à proximité desquelles poussent les arbres sont dangereuses. – 6. Le caillou à partir duquel vous devrez compter trois pas avant de creuser est vert. – 7. Les îles à côté desquelles se situe notre île sont inconnues.

16
dont ; duquel ; desquels ; dont ; desquelles ; dont ; de qui ; duquel ; desquelles ; de qui ou duquel.

17
a) où *ou* dans lequel ; où *ou* dans lequel… où *ou* dans lequel ; duquel… duquel ; laquelle ; laquelle ; où *ou* dans lequel.

b) 1. C'est un village près duquel il y a une ville antique très bien conservée. – **2.** Ce sont des maisons autour desquelles la forêt exotique s'étend. – **3.** Ce sont des maisons à l'intérieur desquelles il y a l'équipement le plus ultramoderne – **4.** C'est un village pas loin duquel se trouve un lagon aux eaux merveilleuses. – **5.** C'est un lagon où nagent… [dans les eaux duquel] nagent des poissons aux couleurs fantastiques – **6.** Ce sont des poissons familiers au milieu desquels on peut nager sans crainte. – **7.** C'est une plage au bord de laquelle il y a de beaux voiliers. – **8.** Ce sont des voiliers au-dessus desquels flotte le drapeau français. – **9.** Ce sont des voiliers dans lesquels [où] on peut inviter douze personnes. – **10.** C'est une place au centre de laquelle se dresse une statue magnifique.

Synthèse des pronoms simples et composés

18
1. desquelles – **2.** desquels – **3.** desquelles – **4.** auquel – **5.** desquels – **6.** duquel. – **7.** de laquelle – **8.** duquel – **9.** desquelles – **10.** desquelles.

19
1. *Propositions*
C'est un garçon qui sait ce qu'il veut ; que je vois tous les jours ; dont j'aime les oreilles ; à qui on peut tout dire ; chez qui il y a toujours des fleurs.

2. *Propositions*
Voilà la jeune femme qui rit si fort ; que j'ai rencontrée dans le train ; près de qui j'étais assis à la messe ; pour qui j'ai fait ce rapport ; en qui mon frère n'a aucune confiance.

3. *Propositions*
C'est le fauteuil où papa fait la sieste ; sur lequel le chat fait ses griffes ; sous lequel je cache ma réserve de whisky ; dans lequel il y a un nid de souris ; que j'ai acheté dans une brocante ; qui vient de ma mère ; dont je ne me séparerai jamais.

20
1. a) qui – **b)** que – **c)** dont – **d)** sur qui – **e)** avec qui ou pour qui.

2. a) qui – **b)** que – **c)** avec qui – **d)** en qui – **e)** dont – **f)** avec qui ou pour qui.

3. a) qui – **b)** dont – **c)** que – **d)** auxquels – **e)** dans lesquels – **f)** pour lesquels.

4. a) qui – **b)** dont – **c)** où *ou* à l'intérieur de laquelle *ou* dans laquelle – **d)** où *ou* dans laquelle **e)** où *ou* sur laquelle – **f)** pour laquelle – **g)** avec laquelle.

5. et **6.** *Exercices de créativité*

21
1. dont – **2.** que – **3.** où – **4.** lequel – **5.** auquel – **6.** laquelle – **7.** qui – **8.** que – **9.** lequel – **10.** auxquelles – **11.** duquel – **12.** à qui *ou* auquel – **13.** auquel – **14.** laquelle – **15.** lequel – **16.** que – **17.** dont – **18.** lesquelles – **19.** où – **20.** que – **21.** lesquelles – **22.** desquels – **23.** auxquelles – **24.** qui *ou* laquelle – **25.** de laquelle – **26.** de laquelle – **27.** de laquelle – **28.** lesquels.

22
1. Les livres anciens à l'achat desquels il consacre beaucoup d'argent prennent de la valeur. – **2.** La sculpture à la vente de laquelle j'ai assisté est partie pour une somme astronomique. – **3.** Les criques à l'exploration desquelles tu m'as emmenée sont magnifiques. – **4.** Le ballet à la répétition duquel j'ai pu aller sera bientôt présenté au public. – **5.** La banque au braquage de laquelle il a participé était déjà en faillite. – **6.** La ville à la découverte de laquelle ils m'ont pilotée m'a vraiment séduite. – **7.** L'avion privé à l'arrivée duquel se pressait une centaine de journalistes ne transportait pas le Chef de l'État. – **8.** Les huîtres crues à la dégustation desquelles les Français m'ont invitée sont devenues mon plat préféré.

23
1. ce qu' – **2.** ce qu' – **3.** ce qui – **4.** ce qui – **5.** ce dont – **6.** ce dont – **7.** ce à quoi – **8.** à quoi.

24

1. ce qui – 2. ce que – 3. ce qui – 4. ce qui – 5. ce qui – 6. ce que – 7. ce qu' – 8. ce que – 9. ce qui – 10. ce que, ce que – 11. ce qu' 12. ce qui – 13. ce que – 14. ce à quoi *ou* ce que – 15. ce que – 16. ce qui.

25

1. Celui qui ; celui qui – 2. celui que – 3. celle qui – 4. Celle que – 5. ceux dont – 6. celui dont – 7. ceux qui – 8. celle pour qui – 9. ceux avec qui – 10. ceux qui… ceux qui – 11. ceux que – 12. celle que – 13. celles qu'… celles qu' – 14. celle dont – 15. ceux sur qui – 16. celle que – 17. ceux qui – 18. celles qui.

26

1. L'autre solution à laquelle nous pensons plairait à tout le monde. – 2. Je vais régulièrement dans ce petit village alpin qui est un lieu de vacances idéal pour une famille nombreuse et dont je vous ai souvent parlé. – 3. Le gros chien à poils blancs sans lequel il ne va jamais se promener est un labrador. – 4. Il avait fait tant de sacrifices pour ses enfants qui se sont montrés bien ingrats. – 5. Le mur qui datait du XVIe siècle et contre lequel l'église était adossée s'est écroulé. – 6. Le candidat en faveur duquel elle a voté et qui a été réélu était écologiste. – 7. Les actrices sélectionnées parmi lesquelles il devait faire le choix de son héroïne étaient très jeunes. – 8. Ce produit grâce auquel j'ai réussi à décaper ma table est totalement inoffensif. – 9. La police a retrouvé dans le jardin une échelle au moyen de laquelle le cambrioleur a réussi à pénétrer dans la villa. – 10. Une statue de Victor Hugo se dresse au milieu du jardin qui est le plus fréquenté du village.

27

1. Cette maladie, **pour laquelle les scientifiques du monde entier cherchent un remède**, est due à un virus. – 2. Cette maladie, **contre laquelle on n'a pas encore trouvé de vaccin**, serait née dans les années quatre-vingt. – 3. Cette maladie, **qui a déjà tué des dizaines de milliers de malades**, progresse rapidement. – 4. Cette maladie, **dont tout le monde a peur**, n'est pas très contagieuse. – 5. Cette maladie, **avec laquelle on peut pourtant vivre longtemps**, est probablement toujours mortelle. – 6. Les malades, **que la médecine pourra bientôt soigner efficacement**, doivent garder l'espoir. – 7. Certains malades, **dont la santé n'est pas trop atteinte**, peuvent continuer à travailler. – 8. Le grand public, **que la presse a beaucoup informé**, a compris que cette maladie pouvait toucher tout le monde. – 9. Les pays africains, **où les conditions économiques sont très difficiles**, sont très touchés par cette épidémie. – 10. La solidarité pour les malades, **à laquelle tout le monde doit participer activement**, est absolument nécessaire.

28

Les débuts de phrase proposés sont impératifs, les conclusions indicatives.
1. Le président de l'ONU grâce à qui la paix a été signée est un homme remarquable. – 2. L'aide économique dont cette jeune nation a besoin doit lui être accordée d'urgence. – 3. L'autre solution que les négociateurs nous ont proposée paraît acceptable. – 4. La nouvelle à l'annonce de laquelle la délégation chinoise est sortie de la salle a provoqué des applaudissements parmi les autres nations. – 5. La planète sur laquelle nous habitons a besoin de tous nos soins. – 6. Le représentant en qui le Président a confiance vient de partir en mission spéciale. – 7. La réponse du conseil, à laquelle les pays endettés ne s'attendaient pas est le premier pas d'une nouvelle politique. – 8. Le pays européen où se trouve

le siège des Nations Unies est très petit – **9.** Les positions sur lesquelles les deux camps sont restés ne sont pas définitives. – **10.** L'amusement avec lequel les auditeurs regardaient l'orateur a troublé celui-ci.

29 🌳🌳🌳 *Exercice de créativité*

Les indéfinis

Les pronoms indéfinis

1
1. Personne ne m'a pris mon crayon. – 2. Je n'ai rien contre la toux. – 3. Je n'ai rien entendu. – 4. Il n'a choisi personne. – 5. Personne n'était absent. – 6. Elle n'y est allée avec personne. – 7. Rien ne me gêne. – 8. Je n'ai besoin de rien. – 9. Personne ne m'a fait de peine. – 10. Je ne t'ai rien rapporté.

2
1. Je n'ai vu **personne**. – 2. **Quelqu'un** est venu en mon absence ? – 3. Il y a **quelque chose** de bizarre que je n'arrive pas à expliquer. – 4. Nous n'avons **rien** à ajouter à ce que nous venons de dire. – 5. **Rien** ne pouvait me faire plus plaisir que ce livre. – 6. Est-ce que **quelqu'un** pourrait m'expliquer ce qui se passe ? – 7. J'ai **quelque chose**… de drôle à vous raconter. – 8. « Avez-vous **quelque chose** à déclarer ? » a demandé le douanier. – 9. Je n'ai raconté cette histoire à **personne**.

3
1. Je n'ai rencontré **personne**. – 2. Nous avons vu **quelques choses** qui t'auraient plu. – 3. Il y a une **personne** qui a oublié un parapluie. – 4. J'ai observé **quelque chose** d'important. – 5. Une **personne** est venue apporter un paquet pour vous. – 6. Avez-vous remarqué **quelques choses** intéressantes à acheter ? – 7. **Personne** n'était encore arrivé. – 8. J'ai **quelque chose** de grave à t'avouer. – 9. Il y avait une **personne** dans la salle. – 10. **Personne** ne s'est rendu à son invitation.

4 *Exercice de créativité*

Les adjectifs indéfinis

5
1. Il y a **d'autres problèmes**. – 2. J'ai repeint **les autres portes**. – 3. Nous pouvons chercher **d'autres solutions**. – 4. Avez-vous les clés **des autres appartements** ? – 5. J'ai répondu **aux autres annonces**. – 6. Il a **d'autres frères**. – 7. Les roues **des autres voitures** sont en bon état. – 8. C'est **aux autres secrétaires** que j'ai remis mon dossier. – 9. **D'autres étudiants** ont répondu à sa place. – 10. J'aurais préféré **d'autres couleurs**.

Tout

6 *Exercice de créativité*

7
1. Il a plu **toute** la journée. = entière. – 2. **Tout** est de ma faute. = la totalité des événements. – 3. Les feuilles sont **toutes** tombées. = dans leur totalité. – 4. Les Français aiment **tous** le fromage. = l'ensemble des… – 5. **Tous** les ans nous allons à la mer. = chaque année. – 6. **Toutes** les fois qu'il sera absent, je vous préviendrai. = chaque fois – 7. Les enfants avaient **tous** leur cartable. = chacun. – 8. Elle était **toute** malheureuse à l'idée de partir. = très, bien. – 9. Dans ces circonstances il faut s'attendre à **tout**. = n'importe quoi. – 10. C'est **tout** l'effet que ça te fait ? = le seul, l'unique. – 11. Les parapluies sont **tous** en promotion. = dans leur totalité. – 12. Je lui ai dis ce que je pensais en **toute** bonne foi. = complète, entière. – 13. Il a acheté un tableau de **toute** beauté. = d'une beauté parfaite. – 14. **Tout** son art réside dans le choix des couleurs. = seul, unique. – 15. Le **tout** Paris était présent à cette inauguration. = dans sa totalité. – 16. Elle fait une cure **tous** les deux ans. = un an sur deux.

8

1. Il a repeint l'appartement **complet** *ou* **dans sa totalité**. – **2.** Elles manifestaient leur violence **entière** *ou* **totale** par des cris. – **3.** **Chacune d'entre elles** manifestait sa violence. – **4.** Les insectes sont **extrêmement** petits. – **5.** On peut faire du sport à **n'importe quel** âge. – **6.** Votre travail nous a donné **entière** *ou* **totale** *ou* **complète** satisfaction. – **7.** Il doit se faire une piqûre **chaque** jour. – **8.** Elle a eu un sourire pour **seule** *ou* **unique** récompense.

Synthèse

9  *Propositions*

- La plupart des gens préfèrent les villes italiennes.
- Pratiquement personne ne souhaiterait passer des vacances à Saint-Étienne.
- Par contre, plus d'un aimerait visiter Athènes.
- Certains préfèrent les villes du sud de l'Europe, mais d'autres celles du nord.
- Plusieurs villes sont presque à égalité en tête des préférences.
- Quelques-uns aiment mieux aller à Moscou qu'à Saint-Pétersbourg.

10

1. J'ai rencontré **quelques** personnes très sympathiques à cette soirée. – **2. Plusieurs** personnes ont été témoin de l'incident. – **3. Certaines** personnes se désintéressent complètement de leurs voisins. – **4. Tous** les gens présents étaient satisfaits. – **5.** Elle n'était pas heureuse ici, **tous** les gens vous le diront. – **6.** Ce sont **les mêmes** gens qui m'ont indiqué ce docteur. – **7. Diverses** personnes ont déjà réagi de cette façon. – **8.** Nous ne sommes pas exigeants, **n'importe quelle** personne fera l'affaire. – **9.** Le traité de paix de 1919 accorda à **chaque** peuple le droit de disposer de lui-même. – **10. Chaque** personne devra se procurer un visa. – **11. Toute** personne ayant remarqué un événement insolite devra le signaler à la police. – **12.** Il a fait une étude très complète des **différents** peuples de l'Union Soviétique.

Remarque : Pour certaines phrases une autre solution est possible.

11

1. Tu dis **n'importe quoi**. – **2.** Ne répète pas ce secret à **n'importe qui**. – **3.** Je suis libre **n'importe quel** jour. – **4.** Quel gâteau veux-tu ? **N'importe lequel**. – **5.** Tu peux me téléphoner à **n'importe quelle** heure – **6. N'importe qui** vous indiquera où se trouve la gare. – **7.** Josette et Valérie sont secrétaires bilingues et **n'importe laquelle** des deux est capable de vous traduire cette lettre. – **8. N'importe quoi** lui sert de prétexte pour ne pas aller au travail. – **9. N'importe quel** paysan sait la différence entre du blé et de l'orge. – **10.** Tu ne dois pas donner ton numéro de téléphone à **n'importe qui**.

Les prépositions

8

Corpus d'observation

Destinations	Masculin	Féminin	Pluriel
Pays	au Brésil, au Cameroun, en Israël, au Mali, au Niger, au Sénégal	en Australie, en Hongrie, en Bulgarie, en Corée, en Côte d'Ivoire, en Écosse, en Égypte, en Indonésie, en Chine, en Syrie, en Thaïlande, en Birmanie, en Tunisie, en Turquie, en Italie	
Régions	dans le Péloponnèse, au Kenya, dans le sud marocain, au Népal, au Québec	en Andalousie, en Catalogne, en Bavière, en Forêt Noire, en Californie, en Floride, en Cappadoce, en Castille	
Villes	à Berlin, à Gand, à Budapest, à Hong-Kong, à Macao, à Singapour, à Istambul, à Marrakech, à Saint-Pétersbourg, à New-York, à Paris, à Madrid, à Pékin, à Brno et Bratislava, à Tokyo et à Kyoto	à Amsterdam, à Athènes, à Barcelone, à Bruges, à Florence, à Londres, à Moscou, à Prague, à Rome, à Venise	
Îles	à Tahiti	à Ceylan, à Chypre; en Crète, à Rhodes, en Guadeloupe, à Madagascar, à Malte, en Martinique, en Nouvelle Calédonie, à la Réunion, à l'île Maurice, en Sicile	aux Baléares, aux Canaries, aux Maldives, aux îles anglo-normandes, aux îles grecques, aux Seychelles

Remarque : Moscou et Jérusalem sont féminins.

Noms de pays, villes, départements, régions

1 🌳

1. du *ou* au – **2.** pour – **3.** à… dans la. – **4.** au – **5.** à la – **6.** en… à. – **7.** aux *ou* des – **8.** en *(exception car voyelle)* – **9.** de… en – **10.** du – **11.** au *ou* à *(ville)* – **12.** à… en – **13.** aux… à – **14.** au Mans – **15.** à la – **16.** en – **17.** en… au – **18.** du… de la, des – **19.** en – **20.** à – **21.** du – **22.** en ou au – **23.** dans les – **24.** dans l'… en… dans, aux.

2 🌳🌳

1	2	3	4	5	6	7	8	9	10	11	12	13
A	E	C	G	J	F	B	L	I	D	K	H	M

3 🌳🌳 *Exercice de créativité*

4 🌳 *Exercice de créativité*

5 🌳🌳 *Proposition*

1er jour
Nous partirons au plus près de chez vous dans un autocar de grand tourisme équipé de toilettes pour voyager par la Vallée du Rhône en direction de la Côte d'Azur et Nice. Déjeuner libre en cours de route. L'après-midi, continuation en direction de Cannes et Nice. Nous nous arrêterons à Biot pour visiter une verrerie et pour admirer le travail des souffleurs de verre.
Nous arriverons » à Gilette au « Domaine de l'Olivaie en fin d'après-midi. Nous nous installerons avant le dîner et la soirée d'accueil.

2e jour
Petit déjeuner et départ pour Saint-Paul-de-Vence, la cité des artistes. Vous apprécierez les charmes de ce bourg médiéval, fortifié, vigie au-dessus des orangers et des cyprès du paisible pays de Vence où vécurent, dans les années vingt, les célèbres peintres : Signac, Modigliani, Bonnard et Soutine. Après le repas, après-midi libre ou, en option, excursion à Vallauris et Cannes. En début d'après-midi : départ pour Vallauris, le village des potiers, visite d'un atelier. Continuation vers Cannes et sa Croisette, au pays des pierres précieuses, essences rares, palmiers et grands hôtels. Dîner et logement au village.

3e jour
Petit déjeuner et journée libre en pension complète au village, ou, en option, excursion d'une journée à Monaco : le matin, vous visiterez le musée océanographique puis vous assisterez à la relève de la garde du Palais Princier. Déjeuner et temps libre pour compléter votre visite du Rocher. En milieu d'après-midi, retour par Eze et par les Corniches. Arrêt et visite d'une parfumerie. Dîner et logement au village.

4e jour
Petit déjeuner et départ pour Nice. Promenade dans la vieille ville pour admirer le marché aux fleurs et flâner selon votre gré. Déjeuner au village et après le repas, départ pour la région lyonnaise par l'autoroute.

Prépositions et localisation

6 🌳🌳

a) de ; au-dessus de ; au sommet de ; dans ; en ; au milieu du ; loin de ; vers ; derrière ; sur ; à ; à la surface de ; à proximité de ; au fond de ; autour de ; chez ; à l'abri de ; sous ; à la sortie de ; en direction de ; le long de ; au bord du ; devant ; à côté de.
b) *Exercice de créativité*

7 🌳 *Exercice de créativité*

8 🌳 *Exercice de créativité*

9

près de ; auprès de… aux environs de ; loin des… à proximité de, pas très loin de… près des ; près de ; loin de ; pas loin de… près de ; à proximité d'*ou* aux environs d' ; pas loin de ; loin ; aux alentours du ; à proximité de *ou* aux environs de.

Prépositions À / DE / EN

10

Un piano, c'est lourd/dur à porter. – Un livre c'est long à écrire. – Une exposition, c'est intéressant à voir. – Un enfant, c'est long/dur/intéressant à élever. – Un fruit, c'est bon à manger. – Une escalade de nuit, c'est dur/dangereux à faire/intéressant à voir.

11

de soie… **pour** seulement 80 € ; **de** 100 € ; **à** ne pas manquer, **d'**été… **de** bal ; de soirée… **à** pois ; **À** la fête ; **en** jean ; **à** la main ; **de** chez Dior ; **à** regarder ; **de** coton ; **du** décolleté – **à** dire **qu'**à faire – **à** crédit – **à** me prêter – **de** désespoir – **en** beauté – **à** tourner la tête **de** tous les garçons de la terre.

12

… **à** acheter un tableau **de** maître ou **à** investir… **de** passer un moment **à** étudier le marché **de** l'art.… parler **à** de nombreux… les plus **à** la mode… appréciées **des** véritables… à Paris, **à** New York – **des** galeristes – **à** vous guider – **à** des mésaventures – **à** leur aide – **de** connaître suffisamment le milieu – **de** savoir faire preuve **de** discernement – stupide **d'**acheter une toile de peu **de** valeur à un prix prohibitif – prêt **à** acheter – **d'**un bon – **à** investir mais **à** apprécier – coup **de** foudre – plus **de** bien **à** l'âme – **à** cause **de** sa cote – **à** devenir sensible **à** l'art – le plus cher **de** la meilleure galerie – interdisez **à** quiconque **de** le voir !

Prépositions diverses

13

1. en… en – **2.** dans – **3.** en – **4.** dans – **5.** en – **6.** dans – **7.** dans – **8.** en – **9.** en – **10.** dans – **11.** en – **12.** dans – **13.** dans – **14.** en – **15.** en… en, dans – **16.** en… dans.

14

pour ; pour ; par ; pour ; par… pour, par, pour, par ; par ; pour, pour, par, pour ; par ; par, pour ; pour.

15

1. de… à – **2.** à… de – **3.** à – **4.** à – **5.** de… à… – **6.** pour – **7.** Pour… à… par – **8.** en – **9.** dans – **10.** De… à – **11.** au… chez – **12.** dans – **13.** chez… pour, à – **14.** de… en – **15.** à… avec – **16.** en – **17.** avec… en… sous – **18.** d', de – **19.** en, en… aux… au… au – **20.** de… de – **21.** de – **22.** de… à – **23.** Pour… à – **24.** à – **25.** de – **26.** en… après – **27.** de – **28.** En… de… dans.

16

dans… avec… d', sur ; vers ; sur… au bout du… sous, à ; entre… de, dans ; à… en… chez… dans… au ; en… sur, dans… par… pour ; en… de… avec… en ; sur… sous ou à.

17

Un bricoleur
à ; en ; avec ; pour ; par *ou* avec.
dans ; avec ; en… en ; pour ; avec.

Une mère de famille
un aspirateur *ou* énervement ; une heure *ou* chantant ; la maison *ou* la matinée.
la famille *ou* chaque repas ; midi *ou* la cuisine ; la matinée *ou* la cuisine ; la cuisinière.
amour *ou* le chien ; le jardin ; les occuper.

18

Marcher : 1d ; 2g ; 3e ; 4b ; 5f ; 6a ; 7c.
S'habiller : 1b ; 2c ; 3d ; 4e ; 5a.
Parler : 1e ; 2d ; 3a ; 4f ; 5b ; 6c.

19

Demander : **1.** à – **2.** sans – **3.** en – **4.** avec – **5.** de – **6.** en.

Pousser : **1.** contre – **2.** en – **3.** par – **4.** vers – **5.** à – **6.** à – **7.** avec

20

1. à deux heures *ou* en groupe *ou* avec des amis – **2**. dans la rue *ou* chez des amis *ou* dans l'escalier *ou* par hasard *ou* au bon moment – **3**. par la fenêtre *ou* à l'aube *ou* au cinéma *ou* dans un bar – **4**. avec difficulté *ou* sans peine *ou* en anglais – **5**. par amour *ou* à la mairie *ou* en été *ou* au mois de mai *ou* pour faire plaisir à leurs parents.

L'interrogation

Corpus d'observation

1

Est-ce que c'est loin la Patagonie ? – **Pourquoi** les oiseaux ont-ils des pattes ? – **Qu'est-ce qu**'il y a tout au fond de la mer ? – **Où** se trouve le plus grand immeuble ? – On peut aller se promener sur les étoiles ? – **À quoi** servent les étoiles ? – **Qui** a écrit l'histoire de Cendrillon ? – Tu resteras toujours avec moi ? – **Qu'est-ce que** c'est qu'un cheval de Troie ? – **Comment** s'appelle le plus long bateau ? – **Est-ce qu**'il existe un cheval qui parle ? – **Quand est-ce** que je serai grand ? – Tu m'aimeras toujours quand je serai vieux ? – **Combien** de pattes ont les fourmis ? – **Quel** est l'animal qui court le plus vite ? – **À qui** est-ce que le monde appartient ? – **Où** habite le Père Noël ? – **Pourquoi** on n'habite pas dans la forêt ? – **Combien** coûte la Tour Eiffel ? – **Comment** on fait pour parler anglais ou chinois ? – C'est difficile de travailler ? – **Est-ce qu**'un jour je pourrai voler comme les oiseaux ? – **Qui c'est qui** fait les nuages dans le ciel ? – **Qui** répondra à toutes ces questions ? Hum…

- Le principal outil de la forme interrogative est le point d'interrogation.
- Les autres structures de la forme interrogative sont en caractères gras.

Exercices

Différentes formes interrogatives

1

- Première forme : il suffit d'ajouter un point d'interrogation à la fin de la phrase.

- Deuxième forme : il suffit d'ajouter : « Est-ce que… » ou « Est-ce qu'… » au début de la phrase et de mettre un point d'interrogation à la fin de cette dernière.

- Troisième forme :
1. Est-il venu avec ses parents ? – **2.** Les étudiants sont-ils arrivés en retard ? – **3.** Ces voitures son-elles très chères ? – **4.** Les enfants ont-ils regardé la télévision ? – **5.** Sont-ce des livres très intéressants ? – **6.** Avez-vous pris l'autobus ? – **7.** Les ont-elles tous vus ? – **8.** Le château est-il très imposant ? – **9.** Votre mari est-il allé à la pêche ? – **10.** Les jeunes aiment-ils faire de la bicyclette ? – **11.** La maison est-elle située en dehors de la ville ? – **12.** Y en a-t-il beaucoup ?

2

1. Vous avez combien de filles ? Combien de filles avez-vous ? – **2.** (Est-ce que) tu viendras ? Est-ce que vous viendrez ? Pourras-tu venir ? Pourrez-vous venir ? Viendrez-vous ? Viendras-tu ? – **3.** Quand est-ce qu'ils arriveront ? Ils arriveront quand ? Quand arriveront-ils ? – **4.** Vous viendrez comment ? Comment est-ce que vous viendrez ? Comment viendrez-vous ? – **5.** Pourquoi est-ce qu'ils n'ont pas pu venir ? Pourquoi n'ont-ils pas pu venir ? – **6.** Avec qui est-ce qu'elle est allée au cinéma ? Avec qui est-elle allée au cinéma ? – **7.** Avec quoi est-ce qu'elle a fait ce tableau ? Avec quoi a-t-elle fait ce tableau ? – **8.** Quelle robe est-ce que vous allez prendre ? Quelle robe allez-vous prendre ?

Questions introduites par un mot interrogatif

3
1. Qui est-ce qui a fait ce programme ? – **2.** Qui est-ce que tu as rencontré hier soir ? – **3.** Qui est-ce qui a oublié ses lunettes ? – **4.** Qui est-ce qui a peint ce tableau ? – **5.** Qui est-ce que vous avez emmené ? – **6.** Qui est-ce qu'elles ont invité ?

4
1. Qu'est-ce qu'il a eu ? – **2.** Qu'est-ce que tu as visité ? – **3.** Qu'est-ce qui s'est passé ? – **4.** Qu'est-ce qu'il a répondu ? – **5.** Qu'est-ce qui a cassé les branches ? – **6.** Qu'est-ce qui a provoqué cet accident ?

5
1. qui *ou* qui est-ce qui – **2.** Qu'est-ce que – **3.** Qu'est-ce que – **4.** Qui *ou* Qui est-ce qui – **5.** que – **6.** qui – **7.** Qui est-ce que – **8.** Qu'est-ce qui – **9.** que – **10.** Qui.

6
1. lesquelles *ou* laquelle – **2.** quel – **3.** laquelle – **4.** lesquels – **5.** Quelles – **6.** lesquelles – **7.** quelle – **8.** lequel *ou* lesquels – **9.** Quels – **10.** Lequel.

7

1	2	3	4	5	6	7	8	9	10	11	12	13	14	15	16	17	18	19	20	21	22	23	24
h	s	n	t	d	u	f	p	q	x	w	i	l	b	r	a	k	o	g	m	c	e	v	j

Savoir poser des questions

8 *Propositions*
1. Quel est votre nom ? Comment vous appelez-vous ? – **2.** Quel est votre prénom ? – **3.** Quelle est votre situation de famille ? Vous êtes marié ou célibataire ? – **4.** Quel est votre âge ? Quel âge avez-vous ? Vous avez quel âge ? – **5.** Quel est votre lieu de naissance ? Où êtes-vous né ? – **6.** Quelle est votre adresse ? Où habitez-vous ? Où est-ce que vous habitez ? – **7.** Quelle est votre taille ? Combien mesurez-vous ? – **8.** Quel est votre poids ? Combien pesez-vous ? – **9.** Quelles langues parlez-vous ? Combien de langues parlez-vous ? – **10.** Travaillez-vous ? Quelle est votre profession ? Que faites-vous ?

9 *Propositions*
Pourquoi aimez-vous gagner ? Combien de fois vous êtes-vous dopé ? Que faites vous de votre argent ?
Pourquoi avez-vous le trac ? Pourquoi n'avez-vous pas joué pendant dix ans ? Ça ne vous ennuie pas de toujours jouer des rôles de mari trompé ?
Comment le monde a-t-il été créé ? Quel sens a ma vie ? Pourquoi la guerre existe-t-elle ?
Depuis quand m'aimes-tu ? Pourquoi m'aimes-tu ? Est-ce que tu m'as déjà été infidèle ?

10 *Exercice de créativité*

11 *Propositions*
a) Qu'est-ce qu'il y a ce soir à Arcachon ? À qui est destinée la soirée de ce soir ? Où se déroulera la soirée ? À quelle heure commencera la soirée ? Quel est le thème de la soirée ? – Où se déroulera la soirée s'il pleut ? Quel est le prix du spectacle ?

b) Quel est le titre du grand concours ? À partir de quelle date commencera le grand concours ? Pendant combien de temps durera le grand concours ? Qu'est-ce que le concours vous fera découvrir ? Quel est le sujet de ce concours ? Comment s'appelle le magazine qui propose ce concours ?

c) Comment s'appelle « la vieille fille » ? Quel âge a-t-elle ? Où passe-t-elle ses vacances ? Comment s'appelle le personnage masculin du film ? Dans quel pays va-t-il ? Pourquoi s'est-il arrêté dans cette station balnéaire ? Où est-ce qu'il loge ? Comment s'est passée la première rencontre des deux personnages ?

d) Quelles sont les caractéristiques vestimentaires de l'Abbé Pierre ? Qu'indique le sondage de février 1989 ? Quand est-ce que l'Abbé Pierre a choisi son surnom ? Comment s'appelle-t-il réellement ? Où est-il né ? Quand est-il né ? Où a-t-il commencé à travailler ? En quelle année a-t-il été mobilisé ? À quoi a-t-il participé pendant la dernière guerre ? Quand a-t-il été élu député ? Comment s'appelle la communauté qu'il a fondée ? Qu'est-ce qu'il a fait après avoir abandonné la politique ? Où est implanté actuellement le mouvement ? Quel âge a le mouvement Emmaüs ?

12

a) verbe avoir + inversion
verbe pouvoir + inversion
verbe falloir + inversion + en finir avec
inversion de « il y a »
verbe devoir + inversion
b) Doit-on ou faut-il interdire les OGM ?
Faut-il ou doit-on laisser faire ou sévir ?
Faut-il ou doit-on arrêter les régimes ?
Peut-on ou doit-on tout dire à l'autre ?
Sommes-nous prêts à réduire notre consommation d'énergie ?
Y a t-il un lien entre pollution et cancer ?
Les 4 x 4 sont-ils utiles en milieu urbain ?

La négation

10

Corpus d'observation

1

- Formes de négation employées :
pas de ; sinon ; ni… ni ; ne… que ; ne… pas ; ne pas + infinitif ; ne jamais + infinitif ; personne ne ; ne… plus ; ne… aucun ; ne… pas encore.
- Place de la négation :
- temps simple : ne + verbe conjugué + pas ou plus
- temps composé : ne + auxiliaire + pas ou que + participe passé
- infinitif : ne pas + infinitif
- impératif : ne + verbe + pas

2 *Exercice de créativité*

Exercices

La négation grammaticale

1

1. Non, je ne veux plus de gâteau au chocolat. Non, je n'en veux plus. – **2.** Non, elle ne fait plus de ski. Non, elle n'en fait plus. – **3.** Non, il ne fume plus. – **4.** Non, je ne prends plus l'autobus. Non, je ne le prends plus. – **5.** Non je n'ai pas encore pris mon médicament. Non, je ne l'ai pas encore pris. – **6.** Non, je ne pars pas encore. – **7.** Non, il n'est pas encore sorti. – **8.** Non, je n'ai pas encore acheté cette marque de biscuit. Non, je ne l'ai pas encore achetée. – **9.** Non, je ne bois pas souvent de cognac. Non, je n'en bois jamais. – **10.** Non, je n'en prends jamais. Non, je n'en prends pas souvent. – **11.** Non, nous n'allons pas souvent au théâtre. Non, nous n'y allons presque jamais. – **12.** Non, ils ne boivent jamais de vin rouge. Non, ils n'en boivent jamais.

2

1. Non, personne n'est venu. – **2.** Non, je n'ai rencontré personne (que je connaissais). – **3.** Non, il n'a vu personne d'intéressant. – **4.** Non, il n'a écrit à personne. – **5.** Non personne n'a vu ce qui s'est passé. – **6.** Non, je n'y connais personne. – **7.** Non, rien ne me ferait plaisir. – **8.** Non, je ne veux rien boire. – **9.** Non, rien ne m'a choqué dans son discours. – **10.** Non, nous n'avons rien pris contre le froid. – **11.** Non, il ne m'est rien arrivé. – **12.** Non, nous n'avons pensé à rien.

3

1. Je ne vais ni à la mer, ni à la montagne. – **2.** Je ne prends ni le train ni l'avion, je prends toujours ma voiture. – **3.** Je ne porterai ni une jupe longue ni une jupe courte, je mettrai un pantalon. – **4.** Je ne prends ni le bus ni ma bicyclette, je vais toujours à pied. – **5.** Je n'ai ni chaud ni froid, je suis bien. – **6.** Je n'aime ni le camping ni le caravaning, je préfère aller à l'hôtel ou louer une maison.

4

1. L'étudiant est entré sans fermer la porte. – **2.** L'homme s'est assis sans dire un seul mot. –

3. Il marchait, perdu dans ses pensées, sans voir personne. – **4.** Il a fabriqué cette machine tout seul, sans aucune formation. – **5.** Elle était malade. Elle a guéri très vite, sans prendre de médicaments. – **6.** Il est parti sans faire de bruit. – **7.** Ce sportif a fait toute la compétition sans avoir pu s'entraîner suffisamment. – **8.** J'ai réussi tous mes examens sans avoir jamais beaucoup travaillé. – **9.** Il a un bon travail sans avoir fait de longues études. – **10.** Nous avons fait le trajet Paris-Nice sans nous être arrêtés plus d'une heure pour manger.

5

1. Je ne comprends pas pourquoi vous n'avez jamais fait ce voyage. – **2.** On ne m'a rien proposé d'intéressant dans cette entreprise. – **3.** Fermez la porte, je ne veux plus voir personne. – **4.** Pourquoi n'irions-nous pas visiter ce petit village de Provence ? Aucun d'entre nous n'y est jamais allé.

6 *Exercice de créativité*

7

1. Il regrette de ne plus pouvoir faire de ski. – **2.** Le médecin lui a ordonné de ne plus fumer. – **3.** Le professeur a demandé aux étudiants de ne pas arriver en retard. – **4.** Le directeur a ordonné aux écoliers de ne pas jouer avec le matériel du laboratoire. – **5.** On nous a priés de ne pas mettre trop de désordre dans ce bureau. – **6.** M. et Mme Duparc sont vraiment désolés de n'avoir pas pu acheter la maison de leurs rêves. – **7.** Ils sont furieux de ne pas être partis à l'heure prévue. – **8.** Mes amies regrettent beaucoup de ne pas être venues me voir à l'hôpital. – **9.** Ils sont très mécontents de ne rien pouvoir dire. – **10.** Je suis bien triste de n'avoir rencontré personne à la soirée. – **11.** Nous avons demandé à nos voisins de ne plus faire de bruit après 22 heures.

8 *Exercice de créativité*

9 *Propositions*

Le travailleur	Il se lève toujours très tôt et finit son travail.	Le paresseux	Il ne se lève jamais très tôt et ne finit pas son travail.
L'optimiste	Il voit toujours la vie en rose.	Le pessimiste	Il ne voit jamais le bon côté des choses.
Le sportif	Il s'entraîne tous les matins.	Le casanier	Il ne s'entraîne jamais et préfère rester chez lui.
Le fidèle	Il aime encore sa femme.	L'infidèle	Il n'aime plus sa femme.
Le généreux	Il a beaucoup d'amis.	L'égoïste	Il n'a aucun ami.

10

1. Non, je ne veux répondre à aucune question. – **2.** Non, je n'ai jamais été accusé de rien. – **3.** Non, je n'étais pas chez moi. – **4.** Non, je n'étais avec personne. – **5.** Non, personne ne m'a vu. – **6.** Non, je ne suis pas allé au café. – **7.** Non, je ne faisais pas de courses. – **8.** Non, je n'étais nulle part. – **9.** Non, je ne faisais rien. – **10.** Non, elle n'est jamais chez elle le samedi. – **11.** Non, elle n'était ni chez l'un, ni chez l'autre. – **12.** Non, elle ne fait jamais rien le samedi. – **13**. Non, il n'y a jamais personne chez nous le samedi. – **14**. Non, je n'ai vu personne nulle part. – **15**. Non, je n'ai plus rien à vous dire.

11 *Propositions*
1. Vous aimeriez faire la traversée de l'Atlantique en solitaire ? – **2**. Pensez-vous que M. Dubreuil sera élu ? – **3**. Où êtes-vous allé pendant le dernier week-end ? – **4**. Je n'ai pas encore pris mon billet d'avion. Et toi ? – **5**. Il y avait du monde à la conférence ? – **6**. Qui est-ce qui a sonné ? – **7**. Tu as vu Joël ou Michel ? – **8**. Qu'est-ce que tu fais ce soir ? – **9**. Tu veux parler à quelqu'un. – **10**. Vous referez un voyage aussi difficile ? – **11**. Vous avez lu des romans de Marguerite Duras ? – **12**. Tu veux encore quelque chose ?

12 *Propositions*
Je vous écris pour vous dire que tout va bien dans mon pays. Il n'y a pas de pollution, le chômage n'existe pas, les trains ne sont jamais en retard. On ne fait jamais la queue nulle part, il n'y a jamais de manifestation…

La négation par le lexique

13

Préfixe	Sens négatif	Sens positif
a	amoral	moral
	apolitique	politique
	anormal	normal
an	analphabétisation	alphabétisation
dé	défaire	faire
	déboucher	boucher
	découdre	coudre
	déblocage	blocage
	déposséder	posséder
	dévalorisation	valorisation
	déboutonner	boutonner
des	déshydratation	hydratation
	désintéresser	intéresser
in	infaillible	faillible
	incontrôlable	contrôlable
	intraduisible	traduisible
	inefficace	efficace
	intolérant	tolérant
	inopérant	opérant
im	immangeable	mangeable
	improbable	probable
	imbuvable	buvable
	immobile	mobile
il	illégal	légal
	illégitime	légitime
ir	irréalisable	réalisable
	irresponsable	responsable
	irrationnel	rationnel
	irrespectueux	respectueux

Préfixe	Sens négatif	Sens positif
mé	mécontent	content
	méconnaître	connaître
	mésentente	entente
mes	mésaventure	aventure
	mésestimer	estimer
mal	maltraiter	traiter
	malhabile	habile
	malchance	chance
non	non-voyant	voyant
	non conforme	conforme
	non violent	violent
mal	mal dit	dit
	mal fait	fait
non	non compris	compris
	non fini	fini
	non su	su

Synthèse

14

1. Franck a acheté un magnifique tableau d'un peintre **inconnu**. – 2. N'écoutez pas les discours de ce philosophe réputé pour son **immoralité**. – 3. Vous n'allez pas bien, a dit le docteur, votre pouls bat **irrégulièrement**. – 4. Il est **illégitime** de prétendre à ce droit. – 5. Sa réaction était tout à fait **anormale**. – 6. Il a décidé de se **désabonner** de cette revue qui ne lui plaît plus du tout. – 7. Ne confiez pas la restauration de ce tableau à M. Tricot, je le connais, il est **malhonnête**. – 8. Alors, racontez-moi vos **mésaventures** en Turquie. – 9. Il n'imite jamais ce que font les autres, il est **non conformiste**. – 10. Il a commis une faute **impardonnable**.

15 *Exercice de créativité*

16 *Exercice de créativité*

17 *Exercice de créativité*

Le passif

11

Transformations

1

1. De nombreux manifestants avaient déjà été arrêtés par la police. – **2.** La piscine va être fermée par la municipalité. – **3.** Les accusés sont toujours lourdement condamnés par ce tribunal. – **4.** L'enfant a été abandonné au bord de la route par les ravisseurs. – **5.** Cette maison a été construite par mon aïeul en 1875. – **6.** Les ouvrières licenciées il y a un mois seront réembauchées par l'entreprise. – **7.** Le blocage des prix vient d'être annoncé par le Ministre. – **8.** Je suis très tenté par cette nouvelle proposition de travail. – **9.** Je croyais que l'arrivée de l'avion serait retardée par le mauvais temps. – **10.** Je ne savais pas que Jacques avait été puni par son professeur. – **11.** Nous vous avertirons quand l'accord aura été donné par le Gouvernement. – **12.** Il est inadmissible que la jeune fille n'ait été secourue par aucun des passagers.

2

1. Chaque année de grandes affiches annoncent la fête. – **2.** La peur paralysait les enfants. – **3.** La grand-mère des enfants les comble de cadeaux. – **4.** Tous leurs professeurs accompagneront les élèves. – **5.** Les apprentis maçons ont construit cette maison. – **6.** Le médecin a vacciné les enfants. – **7.** Un jeune écrivain inconnu, Dominique Even, a écrit ce roman. – **8.** La directrice devra rédiger le règlement intérieur. – **9.** Le maire de la ville invite les étudiants à une réception. – **10.** La municipalité prendra en charge les réfugiés. – **11.** La préfecture leur a accordé l'autorisation de résidence. – **12.** Les agriculteurs en colère ont jeté plusieurs tonnes de fruits sur l'autoroute. – **13.** Des agriculteurs auraient aperçu en Auvergne un objet volant non identifié. – **14.** Le vent violent de la semaine dernière a déraciné le gros chêne. – **15.** Le président recevra les derniers survivants de la guerre de 1914-1918 à l'Élysée.

3

Construction	Phrases
1- **Construction passive complète** sujet passif + être + participe passé du verbe + **par** + complément d'agent	1. Les enfants ont été punis par leur mère. 5. Ces artistes sont habillés par Yves Saint-Laurent. 8. Le député a été applaudi par tous les participants
2- **Construction passive complète** sujet passif + être + participe passé du verbe + **de** + complément d'agent	2. Ce château est entièrement entouré d'eau. 11. Le professeur de littérature est respecté de tous les étudiants.
3- **Construction passive incomplète** sujet passif + être + participe passé	10. Le président de la République est élu pour cinq ans au suffrage… 14. Tous les responsables de l'attentat ont été arrêtés hier soir. 16. Tous les examens radiologiques devront être faits rapidement.
4- **Construction avec un verbe pronominal de sens passif**	3. Le vin blanc doit se boire frais. 9. Ce tableau de Picasso s'est vendu 500 000 euros.

Construction	Phrases
5- **Construction passive incomplète** participe passé du verbe passif	4. Cette petite voiture, fabriquée chez Renault, est très performante. 12. La petite fille, enlevée dimanche dernier dans un jardin public, a été retrouvée saine et sauve.
6- **Construction passive incomplète** participe passé du verbe + par ou de	6. Privé de ses parents, l'enfant avait de gros problèmes psychologiques. 7. Aidée par ses amis, elle a pu sortir de cette situation difficile. 15. La maison, protégée par une haie d'arbres touffus, était agréable. 13. Elle est venue à la soirée accompagnée du maire de la ville.

4

Phrases actives : 1, 4, 8, 9, 10, 11, 12, 13, 17, 19, 20.
Phrases passives : 2, 3, 5, 6, 7, 14, 15, 16, 18.

Transformation en phrases passives :

1. Impossible (verbe intransitif). – **4.** Impossible (verbe intransitif). – **8.** Un interphone a été installé dans notre immeuble. – **9.** Les photos de nos vacances me seront bientôt envoyées par mes amis. – **10.** Le cycliste a été renversé par la voiture. – **11.** Le sapin de Noël a été décoré par les enfants. – **12.** Les voleurs qui étaient entrés chez moi ont été poursuivis par mes voisins. – **13.** Le témoin a été interrogé par le juge. – **17.** Après l'accident le blessé était entouré par les badauds.

Transformation en phrases actives :

2. Tous les Français élisent le président pour sept ans. – **3.** De vielles bicyclettes encombraient le garage de mes parents. – **5.** La municipalité va aménager ce terrain en terrain de sport. – **6.** On a vendu aux enchères la maison de M. Bart. – **7.** On fait les vendanges au mois d'octobre. – **14.** On a condamné l'accusé à deux ans de prison. – **15.** On évitera le conflit au Moyen-Orient. – **16.** Alain Bart a fait les décors.

Valeurs de l'actif et du passif

5 *Propositions*

Journal **VOICI**	Journal **VOILA**
Charles Juliet se remarie ! Notre célèbre et toujours vert acteur est amoureux comme un jeune homme. À 70 ans, il a décidé de refaire sa vie avec une jeune femme de 40 ans sa cadette.	Délaissée à 70 ans ! Vanessa, l'épouse fidèle de Charles Juliet depuis leur jeunesse, vient d'être abandonnée pour une jeune femme de 30 ans. Peut-être devrait-on dire répudiée par son volage époux qui veut refaire sa vie avec une jeunesse.
Caroline Valentin gagne en justice ! Caroline Valentin, l'ex-femme et collaboratrice de l'écrivain à succès Luc Lévy, a obtenu réparation après son divorce. Ayant prouvé sa participation très active à l'œuvre de celui-ci, elle pourra garder la maison et bénéficiera d'une confortable pension alimentaire.	Luc Lévy ruiné par son ex-épouse ! Luc Lévy vient d'être condamné par le juge des divorces à verser une importante pension alimentaire à son ex-épouse, Caroline Valentin. L'écrivain estime être injustement dépouillé et compte faire appel.

Journal **VOICI**	Journal **VOILA**
Bertrand Pietri ne s'embête pas dans la vie ! Le chanteur de charme qui a toujours adoré papillonner vient de s'offrir une petite aventure avec une charmante jeune fan. En voilà un qui sait profiter de la vie !	Marie Pietri humiliée ! La charmante épouse du chanteur corse a été très déçue d'apprendre qu'elle avait encore été trompée par son mari volage. Quand on est amoureuse d'un papillon…
Jonathan gagne haut la main ! Comme on pouvait s'en douter, c'est Jonathan qui a remporté une écrasante victoire hier au vote final de Star-Academy : le jeune chanteur a réuni 70 % des voix des téléspectateurs !	Bruno éliminé ! Le pauvre Bruno a été littéralement écrasé. En effet il n'a été choisi que par 30 % des téléspectateurs contre 70 % à son adversaire. Star-Ac, ton univers impitoyable !

Verbes pronominaux de sens passif

6
- La daube se prépare/se fait avec de la viande de bœuf.
- La fondue savoyarde se prépare/se fait avec trois sortes de gruyère et du vin blanc.
- Le gratin dauphinois se fait/se prépare avec des pommes de terre et de la crème.
- Les huîtres se mangent/se servent avec du pain beurré.
- Le vin rouge se boit/se sert chambré.
- Le champagne se boit/se sert très frais.
- Le couteau se met à droite de l'assiette.
- Le café se boit/se sert/se prend après le repas.
- L'apéritif se boit/se sert/se prend avant le repas.
- Le cognac se boit/se sert dans des verres ballons.
- La fourchette se met à gauche de l'assiette.
- Les livres s'achètent/se trouvent/se vendent dans une librairie.
- Les alcools s'achètent/se trouvent/se vendent dans une épicerie ou au supermarché.
- Les fils s'achètent/se trouvent/se vendent dans une mercerie.
- L'eau s'évapore sous l'action de la chaleur.
- Les maisons se construisent avec du béton ou de la pierre.
- Les cheminées s'entretiennent régulièrement.
- Les voitures se révisent tous les 15 000 km/s'entretiennent régulièrement.

7 *Propositions*
Le grincheux se voit délaissé de tous. – La gourmande se laisse tenter assez fréquemment. – Le timide se laisse écraser facilement. – Le parasite se fait entretenir par ses amis. – La paresseuse se voit débordée très rapidement. – Le masochiste se fait battre avec plaisir. – Le généreux se laisse attendrir facilement. – Le comique se voit inviter à toutes les fêtes. – La vénale se fait offrir des bijoux. – Le faible se laisse convaincre très facilement. – La bavarde se fait interrompre fréquemment. – Le crédule se fait rouler à tous les coups.

Passif avec PAR ou DE

8
Jacques et Sophie habitent une grande maison qui leur **a été léguée par** la grand-mère… Elle **est entourée d'**un magnifique jardin avec des pelouses **couvertes de** gazon et **parsemées de** fleurs… une pièce d'eau **bordée de** massifs… Ce jardin **avait été dessiné par** le grand-père de Jacques… avec passion **aidé par** sa femme… tous les murs blancs **sont décorés de**

tableaux qui **ont été peints par** Jacques… Il est **aimé et respecté de** tous ses élèves…. et leur cuisine **est équipée de** tous les appareils… qui leur **a été offert par** les parents… Le jeune couple **est très apprécié des** voisins.

Passif et organisation du discours

9

1. L'aide apportée à la Mauritanie par la France est approuvée par les Algériens mais contestée par certains hommes politiques. – **2.** La décision prise par les patrons, désapprouvée par les syndicats et mal accueillie par les travailleurs, va être modifiée par le gouvernement. – **3.** Renversé par une voiture et transporté immédiatement à l'hôpital en ambulance, M. Martin a été sauvé, malgré ses très graves blessures, par des médecins qualifiés. – **4.** Annoncée par les uns, déformée par les autres et publiée un peu trop rapidement par la presse, cette mauvaise nouvelle a été finalement démentie par le gouvernement. – **5.** Accueillie à l'aéroport par les conseillers municipaux puis emmenée en autocar à la mairie, la délégation allemande sera conviée par le Maire à un grand dîner. – **6.** Habillée par Yves Saint-Laurent, coiffée par Alexandre et maquillée par Valérie Natty, le célèbre mannequin, Isabelle Maur, est arrivée hier soir au Casino au bras de l'acteur Alain Delon. – **7.** Critiqué par ses employés, pressé par ses collègues d'expliquer ses agissements et poursuivi par ses créanciers, le directeur a finalement démissionné. – **8.** Assaillie par les photographes, poursuivie par ses admirateurs et importunée par de nombreux coups de téléphone, la jeune actrice, Betty Sillat, s'est réfugiée chez ses parents dans un petit village de Provence.

10

b) – Le camion était conduit par Monsieur Alain Ricou, routier. – La 205 Peugeot était conduite par Mlle Sophie Marceau, institutrice. – M. Ricou a été gêné par un motocycliste. – M. Ricou a été obligé par le motocycliste de freiner brusquement. – Il a été percuté violemment par Mlle Marceau qui roulait derrière le camion. Sa voiture a été endommagée par le choc – Les portières de sa voiture ont été bloquées par le choc. – Police Secours a été appelée. – Mlle Marceau a été dégagée. – Elle a été transportée à l'hôpital pour des examens. – Quelques heures plus tard elle a été raccompagnée chez elle : elle n'avait que des ecchymoses sans gravité. – Une semaine plus tard Mlle Marceau a été invitée à dîner au restaurant par M. Ricou. Quatre mois plus tard, ils ont été mariés par le maire de Domène.

– Sur la nationale N 21, une 205 Peugeot conduite par Mlle Marceau, institutrice roulait derrière un camion conduit par M. Ricou, routier. Celui-ci, gêné par un motocycliste a été obligé de freiner brusquement. – La 205 a percuté le camion et a été gravement endommagée. – Les portières ont été bloquées par le choc. – Police Secours a été appelée immédiatement et Mlle Marceau a été dégagée puis transportée à l'hôpital pour des examens. Elle n'avait que des ecchymoses sans gravité et quelques heures plus tard elle a été raccompagnée chez elle. Une semaine après, M. Ricou l'a invitée à dîner au restaurant et quatre mois plus tard, ils ont été mariés par le maire de Domène.

11 *Exercice de créativité*

Nominalisations

Corpus d'observation

1

Adjectif	Suffixe	Nominalisation
belle	té	beauté
élégante	ance	élégance
féminine	té	féminité
douce	eur	douceur
drôle	rie	drôlerie
intelligente	ence	intelligence
ponctuelle	té	ponctualité
efficace	té	efficacité
compétente	ence	compétence
dure	té	dureté

Exercices

Nominalisations à base adjective

1

a) 1. J'apprécie beaucoup sa ponctualité. – **2.** La maniabilité de cet outil me permet de travailler facilement. – **3.** La curiosité de Pierre le pousse à lire énormément. – **4.** L'émotivité d'Alain lui pose quelquefois des problèmes. – **5.** La brièveté de la conférence m'a déçu. – **6.** Je ne comprends pas la méchanceté de cet homme. – **7.** L'étrangeté de ce film me plaît beaucoup.

b) 1. La violence de ces orages nous a beaucoup surpris. – **2.** L'insistance de ce vendeur est vraiment très désagréable. – **3.** L'élégance de cette secrétaire provoque de grandes jalousies… – **4.** Sa maladresse m'étonne toujours. – **5.** Elle apprécie beaucoup la délicatesse de son fiancé. – **6.** Le patron pense que la politesse des employés est nécessaire…

c) 1. Elle déteste la jalousie de son mari. – **2.** Je n'écoute pas ses inepties. – **3.** J'aime beaucoup la franchise de cet homme. – **4.** Sa folie lui permet de dire n'importe quoi. – **5.** Sa gourmandise lui a fait prendre plusieurs kilos. – **6.** Son étourderie le perturbe dans son travail. – **7.** Stéphane est invité partout à cause de sa drôlerie.

d) 1. Je suis absolument sûre de l'exactitude des réponses. – **2.** J'aime beaucoup la douceur de ce tissu. – **3.** La lourdeur de l'administration reste un gros problème. – **4.** Je déteste le réalisme de ce roman. – **5.** La certitude de mon départ me remplit de joie. – **6.** Sa solitude est difficile à supporter. – **7.** Le nationalisme des Corses n'est plus à démontrer.

e) 1. Le calme du directeur m'étonne toujours. – **2.** Son charme lui attire des succès féminins. – **3.** Je supporte difficilement le désespoir de Valérie. – **4.** Fabienne est souvent remarquée à cause de son éclat.

2

a) 1. Je déteste la publicité pour son inutilité. – 2. Je n'aime pas la violence des tempêtes. – 3. J'aime la difficulté de ces escalades. – 4. J'adore l'exotisme des pays lointains. – 5. J'apprécie la fraîcheur de ces forêts. – 6. J'aime la limpidité des torrents. – 7. J'apprécie la politesse de ces enfants. – 8. J'aime la rapidité du TGV.

b) 1. Mon collègue m'a beaucoup aidé grâce à la clarté de ses explications. – 2. Elle est sortie de cette sombre histoire grâce à son réalisme. – 3. Sophie plaît à tout le monde grâce à sa douceur. – 4. Il a toujours des problèmes en bricolant à cause de sa maladresse. – 5. Sa femme l'a quitté à cause de sa jalousie. – 6. Il ne peut pas être jockey à cause de sa grandeur. – 7. Il obtient tout ce qu'il veut grâce à sa sympathie. – 8. Elle n'a pas pu faire son exposé à cause de son émotivité.

3

1. Elle l'a aimé malgré son excentricité. – 2. Elle le comprenait malgré son incohérence. – 3. Ils se sont bien entendus malgré leurs différences. – 4. Elle l'a épousé malgré sa pauvreté. – 5. Elle l'a quitté malgré sa fidélité. – 6. Elle a demandé le divorce malgré son désespoir. – 7. Il est revenu malgré sa méchanceté. – 8. Ils se sont disputés malgré sa courtoisie habituelle.

4 *Exercice de créativité*

5 *Propositions*

Voiture : son confort, sa rapidité, sa beauté, son volume, sa maniabilité…
Parti politique : Son efficacité, son honnêteté, son objectivité…
Journal : Son apparence, l'objectif de ses journalistes, sa clarté, sa typographie…
Grande entreprise : son encadrement, ses travailleurs, sa situation, son avenir…
Un produit de beauté : son efficacité, son prix, son parfum, sa douceur…
Un film : son réalisateur, ses acteurs, son histoire, son humour, son intérêt…

Nominalisations à base verbale

6

1. acquittement/a été acquitté *(verbe au passif)*
2. fermeture/sera fermée *(verbe au passif)*
3. destructions/a détruit *(verbe à l'actif)*
4. rachat/racheté *(passif incomplet)*
5. noyades/se sont noyés *(passé composé actif)*
6. arrosage/arroser *(verbe actif)*
7. laxisme/lever partiellement l'interdiction
   (= nominalisation interprétative) / mesure (reprise par un nom de sens plus large)
8. hausse/augmentent (verbe actif) / élévation
   (reprise par une nominalisation synonyme)
9. vol/a été volée *(verbe passif)*

7

a) 1. La destruction de cette vieille maison m'a fait de la peine. – 2. Notre installation dans cette ville a été difficile. – 3. La location de vélos/la possibilité de location de vélos n'existe pas dans cette ville. – 4. On lui a refusé la permission de sortir qu'il a demandée/sa demande de permission de sortir. – 5. L'évasion de ce prisonnier reste mystérieuse. – 6. On ne comprend pas la disparition de Monsieur André.

b) 1. Le chargement du camion a été très long. – **2.** Le détournement des avions n'étonne plus personne. – **3.** Le développement des échanges commerciaux avec ce pays est nécessaire. – **4.** L'enrichissement des uns ne profite pas aux autres. – **5.** L'appauvrissement des campagnes est mauvais pour l'économie. – **6.** La déformation des événements par la presse est inadmissible.

c) 1. L'atterrissage de l'avion s'est bien passé. – **2.** L'arrosage régulier des plantes les rend belles. – **3.** L'essayage d'une nouvelle robe dure en général très longtemps. – **4.** Le démarrage d'un conducteur débutant est toujours difficile. – **5.** L'emballage des appareils se fait automatiquement. – **6.** Son long chômage le déprime.

d) 1. La montée rapide des eaux a inondé tout le village. – **2.** L'arrivée tardive d'un groupe de jeunes a dérangé tout le monde. – **3.** La sortie bruyante des enfants m'a surpris. – **4.** Pour la mise à l'eau d'un gros bateau, on utilise une grue. – **5.** Les autorités ont donné leur accord à la prise en charge complète des réfugiés. – **6.** La remise en marche de la machine nécessite beaucoup d'argent.

e) 1. Nous admirions les sauts des skieurs. – **2.** Le chant des cigales nous réveille la nuit. – **3.** Le regard de Paul m'a mise mal à l'aise. – **4.** La marche rapide des militaires nous a impressionnés. – **5.** L'étude de la grammaire est indispensable. – **6.** Nous avons admiré l'envol des oiseaux.

f) 1. Il est arrivé après la fermeture des portes. – **2.** Il était très satisfait de la lecture de ce livre. – **3.** Sa blessure se cicatrise très bien. – **4.** Anne n'a pas supporté leur rupture brutale. – **5.** Pour la signature du contrat, il faut préparer tous les papiers… – **6.** La culture du maïs est plus intéressante.

8 🌿🌿 *Exercice de créativité. Ne sont données ci-dessous que les transformations nominales.*
1. Le retour du mauvais temps… – **2.** Le détournement de l'avion… – **3.** Le développement du commerce… – **4.** La construction d'un nouveau barrage… – **5.** Le long entretien des deux présidents… – **6.** La signature du contrat… – **7.** La mise sur orbite du satellite… – **8.** L'arrestation des deux gangsters…

9 🌿🌿

1. Le responsable a demandé le nettoyage quotidien des salles. – **2.** Les ouvriers ont obtenu une augmentation de leur salaire. – **3.** La directrice exige l'ouverture des bureaux à 14 heures. – **4.** Les députés ont demandé au ministre une réponse rapide à leurs questions. – **5.** Les professeurs n'admettent pas l'insolence des étudiants. – **6.** Les syndicats refusent énergiquement le licenciement de ces deux employés. – **7.** Les parents n'apprécient pas l'excentricité de leurs enfants. – **8.** Les secrétaires ont demandé l'achat d'ordinateurs. – **9.** Le chef de service voudrait un examen attentif du dossier. – **10.** Les élèves souhaitent l'élection rapide d'un responsable de classe.

Exercice de créativité

10 🌿🌿 *Exercices de créativité. Veillez à l'utilisation de nominalisations. Propositions :*
1. Je propose la protection de la nature. Je refuse l'abattage systématique des arbres. – **2.** Nous demandons l'amélioration des conditions de travail. – **3.** Nous souhaitons une diminution des heures de cours. – **4.** Je propose la construction d'un parc d'attractions.

11 🌿🌿 *Les étudiants débutants ne feront que la transformation des phrases nominales en phrases verbales. Les étudiants plus avancés pourront faire un petit texte. Proposition :*

En 1985, Sophie et Alain se sont rencontrés chez des amis communs. Ils ont eu un coup de foudre respectif. Après s'être fiancés au mois de mars 1986, ils se sont mariés en novembre à Meylan entourés de toute la famille. Puis, ils ont fait leur voyage de noces aux Antilles et au retour, se sont installés dans un petit studio à Grenoble.

Stéphanie est née en 1988 et la même année, ils ont acheté un terrain près de Grenoble. Ils ont fait construire leur maison en 1990 ; c'est cette année-là qu'ils ont adopté Michaël et que Alain a soutenu sa thèse.

En 1995, Alain et Sophie ont été nommés à Pontoise près de Paris ; ils ont donc vendu la maison ; toute la famille a déménagé et s'est installée à Pontoise dans un petit pavillon.

En 2005, ils ont demandé à être mutés ; ils l'ont obtenu et sont revenus à Grenoble en juillet.

12

a)

POLITIQUE
1. Mise en place du nouveau gouvernement dans une semaine. – **2**. Acceptation du budget par l'Assemblée. – **3**. Durcissement des critiques du parti communiste contre le parti socialiste. – **4**. Prise de position publique du parti communiste.

SOCIAL
1. Licenciement de 50 personnes à l'usine textile de Grenoble. – **2**. Protestations violentes des étudiants. – **3**. Manifestation des travailleurs à la Bastille. – **4**. Échec des négociations entre les syndicats et le patronat.

ÉCONOMIE
1. Développement de l'agriculture dans le département de la Lozère. – **2**. Baisse importante du prix de l'essence avant l'été. – **3**. Déficit de 5 milliards de la balance du commerce extérieur français en 1989.

CULTURE
1. Vente de « La Joconde » à un milliardaire inconnu. – **2**. Protestations des cinéastes, des critiques et des intellectuels contre les atteintes à la liberté d'expression. – **3**. Parution au printemps prochain du nouveau roman de J.M.G. Le Clézio. – **4**. Démission du directeur de la Maison de la culture.

SPORTS
1. Départ demain à 14 heures de la course de voiliers. – **2**. Brillante victoire du tournoi par l'équipe de France. – **3**. Abandon du champion du monde de cyclisme dans la montée de l'Alpe d'Huez. – **4**. Magnifiques sauts des deux skieurs français sur le nouveau tremplin inauguré à Chamrousse.

FAITS DIVERS
1. Destruction prochaine du vieux pont sur l'Isère. – **2**. Elargissement de l'autoroute Lyon-Marseille. – **3**. Arrestation hier soir des auteurs du cambriolage de la BNP. – **4**. Atterrissage d'un OVNI sur le campus universitaire.

MÉTÉO
1. Pluies abondantes demain toute la journée. – **2**. Formation progressive de nuages sur les Alpes. – **3**. Elévation des températures de quelques degrés demain dans la journée. – **4**. Présence/Arrivée d'orages sur les reliefs. – **5**. Timides apparitions du soleil dans l'après-midi après quelques perturbations matinales.

b) *Propositions ; d'autres phrases peuvent être faites de même que de courts paragraphes.*
1. Les surveillants des prisons sont en grève après que l'un d'entre eux a été agressé. – **2**. On

a compté neuf morts parmi les opposants au gouvernement qui ont manifesté. – **3**. La révision de l'indemnité journalière jour va être négociée. – **4**. Les agriculteurs en colère ont saccagé la préfecture à St-Étienne./La préfecture… a été saccagée par les agriculteurs – **5**. Les syndicats ont rejeté les 1 015 suppressions d'emplois./1 015 suppressions d'emplois ont été rejetées par les syndicats. – **6**. Un satellite de détecteur de sous-marins lance-missiles sera lancé prochainement. – **7**. Un ancien premier ministre français a été condamné. – **8**. La garde nationale et les guérilléros se sont affrontés ; on a compté 24 morts. – **9**. Un chirurgien a été jugé en appel parce qu'il n'avait pas porté secours/porté assistance/aidé une personne en danger. – **10**. On prépare les élections municipales : les écologistes se jettent dans la mêlée.

Phrases verbales, phrases nominales

13

a) b)

Élaboration ← élaborer	Proposition ← proposer
Développement ← développer	Travail ← travailler
Mise en œuvre ← mettre en œuvre	

c) - Assurance de l'équité d'accès au logement.
- Facilitation des déplacements.
- Promotion de l'identité du territoire par le soutien et l'encouragement des animations.
- Gestion de l'espace et des ressources.
- Préservation de la qualité des paysages.
- Renforcement des équilibres sociaux.
- Maintien du lien social.
- Réduction des nuisances et protection des espaces naturels.
- Encouragement des solidarités.
- Développement des synergies pour l'amélioration et la facilitation du travail.

14

1. Marche silencieuse des parents d'élèves contre les violences au lycée.
2. Menace de démission des chercheurs.
3. Défilé des retraités pour la défense de leur pouvoir d'achat.
4. Coupure de courant pour la défense du service public.
5. Blocage des routes par les routiers pour l'obtention de meilleures conditions de travail.
6. Grève du zèle des infirmières pour une augmentation des effectifs.
7. Protestation des syndicats des policiers contre la politique du rendement.
8. Manifestations étudiantes contre les suppressions de postes aux concours.
9. Grogne des buralistes après l'augmentation du prix du tabac.
10. Mobilisation des agriculteurs contre les importations.
11. Appel à l'action des intellectuels pour la défense du droit d'asile.

15 *Exercice de créativité*

1. Cette inculpation… – **2**. Ce dérapage… – **3**. Cette disparition… – **4**. Cette opposition a provoqué… – **5**. Cette mort… – **6**. Cette croissance ou cette augmentation… – **7**. La chute… – **8**. Cet abandon des recherches…

Nominalisation et organisation du discours

16

1. Le conseil d'université a décidé la prise en charge par l'université du chauffage, de l'entretien et du nettoyage des locaux. – **2.** Le gouvernement répond sèchement aux protestations des syndicats qui ont suivi la publication d'un plan pour le développement de l'agriculture. – **3.** La dissolution du parlement par le président de la République et la mise en place prochaine d'un nouveau gouvernement a provoqué une désorganisation complète et un affolement général. – **4.** Malgré les protestations des étudiants et le désaccord des enseignants, le ministre a décidé la mise en place de nouveaux examens. – **5.** Après leur inscription et le paiement de leurs cours, les étudiants doivent passer un test de placement. – **6.** Notre compagnie s'occupera de l'étude du programme, de l'achat des matériaux et de la construction des machines. – **7.** Vous pourrez conduire en toute sécurité après la vérification des freins, le remplacement des bougies, la vidange de l'huile du moteur et le contrôle des pneumatiques.

17

En mai 1788, les parlements et le peuple demandent la convocation des États généraux. Les magistrats du parlement de Grenoble protestent parce que le Roi essaie de limiter leur pouvoir. Le 7 juin, ces magistrats sont exilés, mais ils sont soutenus par la population grenobloise qui jette des tuiles sur les forces armées ; c'est la « Journée des tuiles ». Le peuple a gagné et les magistrats sont réinstallés dans le parlement. Au mois de juillet, Louis XVI annonce la convocation des États généraux sans préciser la date. Le 21 juillet, les États du Dauphiné se réunissent à Vizille.
En 1789, au mois de janvier, les représentants aux États généraux sont élus et le 5 mai, les États généraux sont ouverts. Au mois de juin, l'Assemblée nationale est proclamée et le 21, le Tiers État, par le « Serment du Jeu de Paume », jure de donner une constitution à la France. Le 14 juillet, la Bastille est prise et le 16 juillet, la première commune de Paris est créée. Le 4 août, les privilèges sont abolis et le 26, on proclame la « Déclaration des droits de l'homme et du citoyen ». C'est en décembre que la France est divisée en 83 départements.
En 1790, au mois de février, les ordres religieux sont supprimés et en juin les biens du clergé sont vendus. Les titres de noblesse sont supprimés en juin. En novembre, l'Assemblée vote la « Loi du serment », qui oblige les prêtres à jurer la Constitution.
Le 25 juin 1791, le Roi, qui s'enfuyait, est arrêté à Varennes.
Un an plus tard, en juin 1792, les mots Monsieur et Madame sont remplacés par Citoyen et Citoyenne.
C'est en juin également que le peuple envahit les Tuileries et que la famille royale est molestée. Le 10 août 1792, Louis XVI est arrêté et il est emprisonné au Temple avec sa famille. Le 17 janvier 1793, Louis XVI est condamné à mort et il est exécuté le 21 janvier.

Le présent de l'indicatif

1

1. C'est = être ; déambule = déambuler ; ce sont = être ; se forme = se former ; se tiennent = se tenir ; atteint = atteindre ; tous allument = allumer ; ils brandissent = brandir ; ralentissent = ralentir ; s'arrêtent = s'arrêter ; s'interrogent = s'interroger ; se passe-t-il = se passer ; parcourt = parcourir ; ressemble = ressembler ; on entend = entendre ; retombe = retomber ; on appelle = appeler ; qui n'a = avoir ; on peut = pouvoir ; qui ne se connaissent pas = se connaître.

2. *Exercice de créativité*

Le futur

Corpus d'observation

1

1. Dans moins de 10 ans… **vont faire** la course : futur proche, proximité temporelle subjective, rendue possible par la situation actuelle.
2. Démission **imminente/prochaine** démission : ce sont les adjectifs « imminent et prochaine » qui ajoutent à la nominalisation verbale « démission » une valeur de futur proche.
3. **Il faudra** se rappeler/**vont** s'énerver/**louperont**/**ira** bon train : succession de futurs et un futur proche exprimant ici une série d'actions futures et les conséquences qui en découleront.
4. Ariane **devrait** décoller/**pourrait** décoller : ces deux verbes au conditionnel expriment une hypothèse probable sur l'avenir, sérieuse avec « devrait », très forte avec « pourrait ».
5. **Allons**-nous **connaître**/**auront triomphé**/cela **sera-t-il** : le futur proche pour exprimer une action menaçante imminente ; le futur antérieur pour exprimer une action accomplie dans l'avenir ; le futur exprime une certitude, atténuée par la forme interrogative.
6. Vous qui **allez voter**/un bar **offrira**/tous ceux qui **présenteront** : un verbe au futur proche puis deux au futur expriment les événements à venir dans leur chronologie (le futur proche plus rattaché au présent que le futur).
7. L'organisation **doit** débattre : le verbe « devoir » ici au présent apporte une modalité légère de doute sur la certitude future de l'action de débattre.

Exercices
Futur simple

1 **Promesses**
1. Je ne monopoliserai pas… – **2.** Je n'inviterai pas… – **3.** Je ferai des économies… – **4.** Je cesserai… – **5.** Je serai plus…

2
1. Nous construirons… – **2.** Nous permettrons… – **3.** Nous éduquerons… – **4.** Nous réduirons… – **5.** Nous décentraliserons… – **6.** Nous supprimerons… – **7.** Nous répartirons… – **8.** Nous diminuerons… – **9.** Nous encouragerons… – **10.** Nous rénoverons… – **11.** Nous développerons… – **12.** Nous sanctionnerons…

3 *Exercices de créativité*

4 *Exercices de créativité*

5 *Proposition*

Comité de patronage des étudiants étrangers
Grenoble
NOUS CHERCHONS NOTRE ANIMATEUR

Le profil : Le candidat devra avoir de l'initiative et de l'imagination et il devra avant tout avoir un bon contact humain. Il saura gérer un budget et diriger une équipe.

6 🌳 🌳 **a) et b)** *Exercices de créativité*

7 🌳 🌳
a) auront, devront, résideront ; ressembleront ; se dresseront ; culminera ; abritera ; permettront, devront ; offriront… seront inondées, planeront ; seront sensibles… posera.
b) *Propositions :*
- **Villes souterraines** : On construira… ; Ces villes seront éclairées… ; On pourra les chauffer…
- **Cités marines** : On agrandira… ; On utilisera… ; L'eau de mer sera dessalée… ; Elles seront chauffées…
- **Stations orbitales** : Des modules seront lancés… ; Elles seront alimentées en énergie… ; On cultivera… ; On créera…
- **Villes végétales** : On utilisera exclusivement… ; Habitat et environnement seront parfaitement intégrés… ; Les toitures seront recouvertes… ; On cultivera des potagers…
c) *Exercice de créativité.*

8 🌳 Observez les prescriptions.

9 🌳 🌳
a)

Le bon	Le mauvais
1. Tu n'écraseras pas…	1. Tu écraseras…
2. Tu suivras exactement…	2. Tu ne suivras pas…
3. Tu n'oublieras pas de…	3. Tu oublieras de…
4. Tu ne porteras pas…	4. Tu porteras…
5. Tu ne serreras pas…	5. Tu serreras…
6. Tu ne lâcheras pas…	6. Tu lâcheras…
7. Tu ne dragueras pas…	7. Tu dragueras…
8. Tu ne mangeras pas d'ail…	8. Tu mangeras de l'ail…
9. Tu ne parleras pas…	9. Tu parleras…
10. Tu ne danseras pas…	10. Tu danseras…

b) *Exercice de créativité*

10 🌳

Léo
Dès ce soir, je ne fume plus. Pendant les vacances, je me mets au régime. Le week-end prochain, j'arrête de boire. Le mois prochain, je commence à réviser. Dans deux mois, je me marie. Aussitôt que possible, je prends une année sabbatique. Après les examens, je fais une grande fête. Dès demain, j'apprends le chinois. L'an prochain, je reste à Lyon. Dans deux ans, je fais le tour du monde.

Mathis
Dans quelque temps, je ne fumerai plus. Je me mettrai peut-être au régime. J'arrêterai bientôt de boire. Je me marierai un de ces jours. Un jour ou l'autre je prendrai une année sabbatique. Je ferai une grande fête quand ce sera possible. La semaine prochaine, qui sait, je resterai à Grenoble. Un jour, je ferai le tour du monde.

Futur proche

11 🌳

Le futur proche est formé du verbe aller au présent + l'infinitif du verbe à conjuguer.

12

Situation 1
Le vent va casser les branches/Il va emporter les parapluies. La pluie va inonder les rues/Elle va tremper les passants. Les passants vont se mettre à l'abri/Ils vont courir. La circulation va ralentir. Les pompiers vont avoir du travail. Mon chien va se cacher…

Situation 2
Nous allons planter… Nous allons refaire… Nous allons installer… Nous allons creuser… Nous allons agrandir… Nous allons repeindre…

Situation 3
Exercice de créativité

Futur proche et futur simple

13 *Exercice de créativité*

14

1. Le président de la République va se rendre en visite en Afrique où il assistera à une conférence inter-États et aura des entretiens avec de nombreux chefs d'États. – **2.** Achetez Maigrivite, il va vous transformer en quelques jours ; il affinera votre silhouette et fera s'envoler vos kilos en trop. – **3.** L'E.D.F. va implanter prochainement une centrale électrique près de Lyon. Les travaux débuteront en décembre et la centrale fournira toute la région en électricité dans trois ans. – **4.** L'exposition « voyages et vacances » va s'ouvrir demain à Alpexpo. Elle sera inaugurée par le maire. Les agences grenobloises offriront toutes les informations possibles aux visiteurs, feront connaître les destinations lointaines et faciliteront les réservations.

15

1. Il va se passer *(proximité subjective)* – **2.** je me marierai *(valeur de promesse)* ; je me marie *(déjà décidé, subjectivement déjà présent)* – **3.** Elle doit partir… *(doute)* – **4.** ils prennent *(insistance sur la proximité objective)* – **5.** Je t'ouvre ! *(tout de suite)* – **6.** je la fais/je vais la faire *(promesse immédiate ; comparez avec « je la ferai » oui, mais quand ?)* – **7.** il pleuvra *(prévision à caractère objectif)* – **8.** il va pleuvoir *(proximité)* – **9.** il doit venir *(doute sur l'heure)* – **10.** ton père doit téléphoner *(léger doute)*/va téléphoner *(si vous êtes sûr)*… il rappellera *(phrase avec si)* – **11.** il va téléphoner *(proximité)*/il ne téléphonera pas *(volonté de convaincre)* – **12.** Je vais aller… ensuite je dînerai *(succession)* – **13.** je pourrai… visiterai *(distance et promesse)* – **14.** nous partons *(proximité subjective)* – **15.** nous allons voyager *(idem, moins forte)* – **16.** vous prendrez… traverserez… demanderez *(prescription)*.

Futur antérieur

16

Quand j'aurai fini de goûter ; quand le feuilleton sera terminé ; quand mes copains seront partis…

17

a) quand vous aurez fini… ; quand vous vous serez reposé… ; quand vous aurez été opéré… ; quand votre angoisse aura disparu… ; quand vous aurez décidé…
b) auront compris… ; auront été éliminées… ; auront été résolus… ; se seront décidées… ; auront obtenu… ; se sera améliorée… ; seront allés… ; aura cessé.

18

a) mettrez ; auront cuit… retirerez… plongerez ; pourrez… auront refroidi.
b) préparera… fera ; sera… n'osera ; aura fini… souhaitera ; arrivera… aura préparé, donnerons… aurons fabriqués ; sera, aurons invités, arriveront… fera.
c) tu auras… tu auras compris, tu proposeras, les empêchera ; tu verras… changera ; tu te feras, ils se seront rendu compte ; tu seras, tu les auras invités.

Futur simple et futur antérieur

19 *Exercice de créativité*

20

1. augmentera… aura trouvé
2. il y aura… aura remplacé
3. sera… aura enfin compris
4. vivrons… serons revenus
5. couvriront… aurons replanté
6. seront… auront appris
7. connaîtra… auront créé
8. prendront, auront définitivement changé

a) et b) *Exercices de créativité*

21

1. Lorsqu'elle aura fini son travail, elle quittera le bureau. – 2. Dès que tu auras terminé la vaisselle, tu descendras la poubelle. – 3. Aussitôt que les enfants seront rentrés de l'école, ils regarderont la télévision. – 4. Tout de suite après que nous serons revenus de vacances, nous vous téléphonerons. – 5. Dès que le chat aura choisi le bon coussin, il fera la sieste. – 6. Je retournerai à la maison quand j'aurai fini le dossier Dupont. – 7. Il retournera dans son pays lorsqu'il aura rédigé sa thèse. – 8. Elle reprendra une activité professionnelle quand elle aura élevé ses enfants. – 9. Vous rendrez visite au responsable lorsque vous vous serez reposé un peu. – 10. Quand ils auront nettoyé l'appartement, ils le loueront.

Futur exprimé par des verbes

22

a) 1. il doit arriver – 2. il doit passer à la maison – 3. elle doit débarquer – 4. ils doivent revenir – 5. nous devons partir – 6. Le patron doit m'appeler – 7. vous devez recevoir.

b) *Proposition*
Ce matin, le président italien doit arriver à 9 heures à Orly, où notre président doit l'accueillir par un discours de bienvenue. Les deux hommes doivent ensuite se rendre à l'Élysée pour une discussion de deux heures, suivie d'un déjeuner. L'après-midi, les deux chefs d'État doivent visiter le nouveau centre culturel italien. La fin d'après-midi doit de nouveau être consacrée à des entretiens. Le dîner, qui doit avoir lieu à l'Élysée, se déroulera en présence de nombreux artistes des deux pays.

23

1. Je devrais rentrer vers 11 heures, maman. – 2. tu devrais pouvoir vivre avec ça. – 3. elle devrait arriver dans les jours qui viennent. – 4. Il devrait donner sa réponse demain. – 5. Nous devrions avoir de leurs nouvelles bientôt. – 6. Nous devrions avoir un orage avant la nuit. – 7. vous devriez vous sentir en pleine forme – 8. Elles devraient rentrer sous peu.

24

1. LES TOURISTES DEVRAIENT POUVOIR VISITER LA LUNE
Les militaires annoncent l'ouverture de l'espace au marché privé. D'ici quelques années, nous devrions pouvoir aller explorer les cratères lunaires aussi facilement que les forêts françaises. Les plus gros voyagistes se battent pour obtenir le marché mais, selon toutes probabilités, le Club Méditerranée devrait l'emporter.

2. MÉTÉO
En raison des perturbations climatiques de ces dernières semaines, la météo nationale devient de plus en plus prudente. D'après elle, le temps devrait s'améliorer relativement sur le sud-est, sauf si le cyclone Robert change de route. Le week-end devrait être acceptable.

3. L'ACTRICE L.-C.
Elle devrait se retirer prochainement de la scène, en raison de son grand âge, d'après, son entourage. Selon les mêmes sources, elle devrait monter une école de théâtre. S'ils lui ressemblent, ses élèves devraient être d'excellents acteurs.

4. CONFÉRENCE INTERNATIONALE
La conférence des chefs d'État des pays développés devrait décider un allégement de la dette du tiers-monde ; certains étant partisans de sa suppression pure et simple, une amélioration de la situation des pays endettés devrait être décidée.

5. ANDRÉ MATHUVUT prochainement académicien ? Son élection ne devrait pas faire de problèmes car il est soutenu par de nombreux académiciens, notamment les plus âgés.

6. VERSAILLES REFAIT À NEUF
Le château prend l'eau : toutes ses toitures ont besoin d'être refaites. Les travaux devraient être longs et coûteux : l'État prévoit un budget de 5 millions d'euros. Toutefois, les visites ne devraient pas être interrompues pendant les travaux.

25

1. Le président pense (compte) modifier le texte de loi. – **2.** Mon mari compte (pense) rentrer demain soir. – **3.** L'usine pense (compte) licencier 10 000 personnes. – **4.** Je pense (compte) obtenir un crédit. – **5.** Nous comptons (pensons) déménager en août. – **6.** Tu penses (comptes) venir demain ? – **7.** Le patron ne pense (compte) recevoir personne aujourd'hui. – **8.** Vous comptez (pensez) finir bientôt ?

26

1. ils sont sur le point de se marier. – **2.** nous sommes sur le point de découvrir – **3.** la guerre est sur le point d'éclater. – **4.** Je suis sur le point de changer de ville. – **5.** ils sont sur le point de passer à table – **6.** …est sur le point de débloquer – **7.** Tu es sur le point de faire une grosse bêtise. – **8.** Vous êtes sur le point d'avoir une promotion.

27

1. « Martin a des chances d'avoir le poste de Paris ? – Oui, il est à deux doigts de l'avoir. » – **2.** « Simone a des chances de publier son roman ? – Oui, elle est sur le point de le publier. » – **3.** « Daniel a des chances de faire une exposition ? – Oui, il est sur le point d'en faire une. » – **4.** « Guy a des chances de partir pour les territoires d'Outre-mer ? – Oui, il est sur le point d'y partir. » – **5.** « Jacques a des chances de devenir directeur ? – Oui, il est sur le point de le devenir ». – **6.** « Les Boutoille ont une chance de trouver un sponsor ? – Oui, ils sont sur le pont d'en trouver un. » – **7**. « Florence a des chances de décrocher un stage – Oui, elle est sur le point d'en décrocher un. » – **8**. « Les Maillet ont des chances de réussir leur pari ? – Oui, ils sont sur le point de le réussir. » – **9**. « Victor a une petite chance d'avoir une chambre en résidence universitaire à Paris ? – Mais oui, il est sur le point d'en avoir une. » – **10**. « Magali a fini sa thèse ? – Elle est à deux doigts de l'avoir finie. »

Synthèse

28

1. Il a raté le train. Il a encore oublié l'heure. C'est à cause des embouteillages. Il doit avoir oublié. Il aura confondu les jours. Ce sera encore à cause de sa femme !

2. Elle s'est disputée avec son mari. Elle s'est levée du pied gauche. Elle est malade. Son mari aura été désagréable. Ce sera à cause de la pluie. Ça doit être sa migraine.

3. Il s'est déconcentré. C'est la faute de son entraîneur. Il doit avoir mal dormi. Il aura reçu une mauvaise nouvelle. Ce sera ce temps bizarre.

4. C'est un cadeau pour moi. Ils ont acheté quelque chose pour la fête des pères. Ils doivent avoir fait un échange avec des copains. Ils auront gagné quelque chose à la foire. Ce sera une grosse bêtise de plus.

5. C'est l'orage de cette nuit. Tu as oublié de fermer les volets et avec ce vent… Quelqu'un doit s'être introduit. Les enfants auront encore envoyé le ballon dans la fenêtre. Ce sera un courant d'air.

6. Il y a une panne d'électricité. Les employés d'EDF se sont mis en grève. Il a dû y avoir un accident. La neige aura bloqué la circulation. Ce sera la suite d'une agression.

7. C'est pour cacher ses cheveux blancs. Elle a voulu changer de tête. Elle doit chercher à séduire encore un homme. Son mari le lui aura demandé Ce sera pour ressembler à Marilyn Monroe.

29

Tourisme : Expert 1
Le tourisme à la ferme sera de plus en plus pratiqué, car toutes les régions côtières auront été urbanisées. Nous préférerons le marche à n'importe quelle activité, car c'est un sport sain et peu coûteux.

Le passé

15

1
1. a – 2. est – 3. n'ai – 4. s'est – 5. avons – 6. sont – 7. ont, n'ont – 8. êtes – 9. suis – 10. sont – 11. est – 12. es – 13. sommes – 14. a… a – 15. ai – 16. avons – 17. êtes… suis – 18. es – 19. êtes… avons – 20. ai… suis.

2
1. été – 2. quitté – 3. fini – 4. ri – 5. suivi – 6. conquis – 7. appris – 8. mis – 9. assis(e) – 10. dit – 11. écrit – 12. couru – 13. lu – 14. attendu – 15. vécu – 16. sauté… eu – 17. su – 18. bu – 19. pu – 20. voulu – 21. reçu – 22. raconté, cru – 23. craint – 24. ouvert – 25. mort.

3
1. il est mort – 2. ils sont passés – 3. elle est née – 4. sont nées – 5. êtes partis – 6. suis entrée – 7. es tombé – 8. est retournée – 9. sont venus – 10. es arrivée – 11. sont entrées – 12. ne sont pas parvenus.

4
a) RETOUR À LA MAISON
Il est sorti du bureau. Il est monté dans le bus. Quelques minutes après, il est descendu du bus. Il est passé chez le boulanger. Il est sorti avec du pain. Il a monté l'escalier. Il est rentré chez lui. Il a passé un survêtement. Il a descendu la poubelle. Il a sorti le chien qui est descendu en courant. Il a rentré la voiture au garage. Il est retourné chez le boulanger… Il a passé un moment avec lui. Il a monté la poubelle. Il a passé le pain au four et l'a retourné. puis il a passé un moment…

b) L'OMELETTE SUCRÉE DE MIREILLE
Elle est descendue chez l'épicier pour… Elle est passée chez le crémier prendre… Elle est rentrée chez elle. Elle a monté ses courses. Elle est montée sur une chaise pour… Elle a sorti le mixeur pour… Elle a retourné l'omelette. Elle est sortie pour… Elle a descendu l'omelette… (= mangé l'omelette). Elle a rentré la poêle.

c) *Exercice de créativité*

5
1. Nous avons mangé… – 2. … que nous avons mangées – 3. J'ai aimé… que vous m'avez offertes – 4. Ma mère et ma sœur sont allées… elles ont fait – 5. que vous avez vus – 6. se sont rencontrés – 7. Où as-tu mis… t'ai donnés – 8. où les avez-vous mises – 9. se sont mariés – 10. m'as apporté… que je t'ai demandées – 11. vous les avez terminées ? – 12. que j'ai écrites… j'ai oubliées.

6
1. La voiture que tu as achetée, je l'ai conduite. – 2. Les gâteaux que tu as faits, je les ai mangés. – 3. Les bijoux que tu m'as offerts, je les ai portés. – 4. Les lettres que tu m'as écrites, je les ai gardées. – 5. Les cassettes que tu m'as enregistrées, je les ai écoutées. – 6. La maison que tu as construite, je l'ai habitée. – 7. Les tableaux que tu as peints, je les ai admirés. – 8. Les films que tu as tournés, je les ai tous vus.

7
Je suis allée à l'aéroport, j'ai vu une voiture derrière moi et j'ai aperçu deux hommes à

l'intérieur. Je me suis garée dans le parking, ils m'ont suivie. J'ai pris mon billet, ils ont aussi acheté un billet. Je me suis installée dans l'avion, ils se sont assis derrière moi. J'ai préparé un plan pour les semer. Je suis arrivée à destination et je suis sortie rapidement de l'aéroport, ils m'ont rattrapée et m'ont obligée à monter dans une voiture. J'ai crié et j'ai essayé de m'enfuir mais ils m'ont bâillonnée et ils m'ont assommée.

Je me suis réveillée dans une cave. Ils sont entrés et ils m'ont interrogée. J'ai refusé de parler. Ils m'ont frappée. J'ai fait la morte. Ils sont sortis.

Ils m'ont enfermée dans la pièce. J'ai attendu un moment, j'ai forcé la serrure et je me suis enfuie. J'ai pris une chambre d'hôtel sous un faux nom. Ne vous inquiétez pas, je pense savoir qui ils sont.

8

1- Bertrand et Marie

		Verbes au passé composé	Verbes au plus-que-parfait	Verbes à l'imparfait	Infinitif
Verbes pronominaux réciproques	Construction directe	se sont-ils rencontrés ? nous nous sommes revus			se rencontrer se revoir
	Construction indirecte	nous nous sommes raconté nous nous sommes donné rendez-vous nous nous sommes plu			raconter à quelqu'un donner rendez-vous à quelqu'un plaire à quelqu'un
Verbes pronominaux refléchis	Construction directe	s'est dirigé	je m'étais déguisé qui s'était travesti		se diriger se déguiser se travestir
	Construction indirecte	Je me suis dit			se dire
Verbes non refléchis		nous nous sommes mariés tout s'est bien passé			se marier se passer
Verbes pronominaux de sens passif				ce qui se faisait	se faire

2- Valérie et Victor

		Verbes au passé composé	Verbes au plus-que-parfait	Verbes à l'imparfait	Infinitif
Verbes pronominaux réciproques	Construction directe	nous ne nous sommes plus quittés			se quitter
Verbes pronominaux refléchis	Construction directe	s'est penché			se pencher
	Construction indirecte	je me suis dit il s'est proposé			se dire à… se proposer
Verbes non refléchis		je me suis aperçue je me suis mise je ne me suis pas rendue	je m'étais décidée	s'échappait	se décider à s'apercevoir s'échapper se mettre à se rendre

b)
Les amoureux
Ils se sont rencontrés. Ils se sont vus souvent. Ils se sont plu. Ils se sont pris la main. Ils se sont embrassés. Ils se sont mariés.

Les amis
Ils se sont écrit. Ils se sont téléphoné. Ils se sont oubliés. Ils se sont retrouvés.

Les hommes politiques à la télévision
Ils se sont dit bonjour. Il se sont posé des questions. Ils se sont répondu. Ils se sont disputés. Ils se sont expliqué leur point de vue.

9
Elle s'est lavée/elle s'est aussi lavé les cheveux/elle s'est fait les ongles/elle s'est habillée/elle s'est maquillé les yeux/ elle s'est coiffée/elle s'est piqué le doigt avec une épingle/elle s'est sucé le doigt/elle s'est aperçue/elle s'est dépêchée/elle s'est précipitée vers sa voiture/elle s'est installée/elle s'est rendue…/elle s'est fait arrêter/elle s'est fait disputer/elle s'est fâchée/elle s'est enfermée/elle s'est mise/elle s'est calmée/elle s'est remaquillée/elle s'est décidée/elle s'est fait expliquer/elle s'est préparée/elle s'est avancée/elle s'est pris les pieds/elle s'est étalée/elle s'est cassé la cheville/elle s'est lamentée/elle s'est retrouvée.

10
1. Le western
Il est arrivé au grand galop et il s'est arrêté devant le saloon. Il a sauté de son cheval et il est entré dans le saloon. Il s'est accoudé au bar, il a commandé un verre.

2. – 3. – 4. – 5. – 6. *Exercices de créativité*

11
À 12h30, vous êtes arrivée au restaurant/vous avez dit au serveur que vous attendiez quelqu'un/vous avez attendu une heure/vous avez bu quelques verres/vous avez téléphoné trois fois/vous n'avez pas déjeuné/vous êtes repartie vers 13h30/vous avez pris votre voiture/vous avez démarré brusquement/vous avez roulé pendant une heure ou deux/vous vous êtes arrêtée dans un parc/vous n'avez rencontré personne/vous vous êtes promenée un moment/vers 16 heures, vous êtes allée chez votre ex-mari/Vous avez discuté avec lui/vous vous êtes disputés/vous êtes repartie vers 17 heures/vous n'avez vu personne jusqu'à 18 heures/vers 18 heures vous avez rencontré M. Brunel, un collègue de travail qui a témoigné que vous aviez l'air perturbée/à 18h30 vous êtes rentrée chez vous/à 19 heures vous avez reçu un coup de téléphone de la police/vous avez appris l'agression subie par votre mari à 17h30/à 19h30, vous êtes allée au commissariat/à 20 heures vous êtes interrogée par la police.

12

JANVIER	FÉVRIER	MARS
F. Giroud… est décédée/morte S'est ouvert le procès… Giovanni Agnelli… est mort	La navette s'est désintégrée… Les 7 astronautes ont été tués Les manifestants se sont mobilisés… La société a été mise… Le chef s'est suicidé…	Le Suisse a gagné… 15… ont été débloqués… l'OMS a lancé…

AVRIL	MAI	JUIN
On a annoncé… L'Union a tenu son sommet… Le traité a été signé… Le projet a été refusé…	5 attentats ont fait… Le 1ᵉʳ ministre a reçu un accueil… …a été accueilli de façon houleuse. …a volé pour la dernière fois.	Le procès… s'est ouvert. Johnny a fêté… Le mouvement… a débuté. Le mouvement a débuté…
JUILLET	AOÛT	SEPTEMBRE
S. Berlusconi est devenu… Des orages ont fait… L. Amstrong a remporté pour la 5ᵉ fois…	M. Trintignant a été enterrée… Une panne a paralysé… La France a remporté 7 médailles…	27 corps ont été inhumés… …n'avaient pas été réclamés… La ministre a été assassinée… L'actrice s'est mariée…
OCTOBRE	NOVEMBRE	DÉCEMBRE
Le prix a été attribué… On a célébré… …a été béatifiée.	Le président et son épouse ont visité officiellement… L'opposition a contraint… 17 universités ont été en grève…	Le ministère a connu… Ses ambassades ont été paralysées. Certains groupes ont violemment manifesté…

L'imparfait

13

a) *Propositions*

Ils vivaient en petits groupes… Ils se nourrissaient principalement de fruits, du produit de leur chasse ou de leur pêche… Pour chasser, ils utilisaient des armes très rudimentaires : des piques de bois qui se terminaient par une pointe en silex taillé… Ils portaient comme vêtements les peaux des animaux qu'ils avaient tués (des ours, des lions, des rennes)… Ils habitaient très souvent dans des grottes… Quand ils se déplaçaient, ils emportaient le feu…

b) *Propositions*

Pierre : mes parents vivaient dans une HLM de la banlieue parisienne. Mon père travaillait dans une usine. Il était souvent fatigué. Nous ne partions jamais ensemble en vacances ; L'été j'allais en colonie de vacances.

Jacques : nous habitions dans une villa entourée d'un grand jardin. Je faisais du tennis et du cheval toutes les semaines. Mon père préférait faire du golf. L'été, je partais à l'étranger pour un séjour linguistique…

14

a) *Propositions*
1. …je sortais tous les soirs.
2. …j'étais souvent fatigué mais je gagnais beaucoup d'argent.
3. …j'avais toutes les filles que je voulais.
4. …je pouvais porter des sacs de 50 kg sans problème.
5. …j'avais des muscles comme ceux de Schwarznegger.
6. …rien ne m'échappait.
7. …j'arrivais à casser des noix avec mes dents.
8. …je faisais des sauts périlleux.

b) *Exercice de créativité*

15

1. Si vous en profitiez pour repeindre tout l'appartement… Si vous partiez marcher sur un sentier de grande randonnée… Si vous faisiez toute votre correspondance en retard… Si vous alliez voir un film ou une pièce de théâtre que vous n'avez jamais pu voir… Si vous essayiez de vous promener dans la ville en ne prenant que des rues inconnues… Si vous téléphoniez à vos amis dont vous n'avez plus de nouvelles depuis longtemps…

2. Si tu les emmenais manger dans un restaurant tranquille ou, encore mieux, si tu partais deux jours seul avec eux… si tu leur parlais à cœur ouvert… si tu essayais de te mettre à leur place… si tu les questionnais sur ce qui les inquiète… si tu t'intéressais un peu plus à leurs activités et à leurs amis…

3. Si vous nous expliquiez vos difficultés… Si vous nous montriez vos bilans… Si vous intéressiez le personnel aux bénéfices… Si vous donniez plus de responsabilités à vos employés… Si vous autorisiez les femmes à travailler à mi-temps…

4. Si vous veniez dîner à la maison samedi prochain… Si on se téléphonait… Si on s'écrivait de temps en temps… Si on décidait de passer un week-end par mois ensemble… Si on partait à Venise ensemble pour Pâques…

5. Si vous alliez à Capri… Si vous partiez dans le désert pour être sûrs d'être seuls… si on cherchait un grand gîte et si on partait avec tous les copains… si on louait une montgolfière pour voir la terre d'en haut…

16

Propositions

Avant, c'était un hippie	**Maintenant, c'est un cadre supérieur**
1. Avant, il dépensait tout son argent ;	maintenant, il économise.
2. Avant, il gardait les mêmes chaussettes ;	maintenant, il change de linge chaque jour.
3. Avant, il draguait toutes les filles ;	maintenant, il est fidèle.
4. Avant, il jouait au football deux fois par semaine ;	maintenant, il regarde les matchs à la télévision.
5. Avant, il portait les cheveux longs ;	maintenant, il va régulièrement chez le coiffeur.
6. Avant, il se nourrissait de céréales ;	maintenant, il mange beaucoup de viande.
7. Avant, il lisait des bandes dessinées ;	maintenant, il achète des romans policiers.
8. Avant, il faisait la cuisine ;	maintenant, il va au restaurant.

17

1. Tous les étés nous passons un mois en Bretagne ; l'été dernier nous sommes allés dans le Périgord. – **2.** La plupart du temps elle met des chaussures à talons ; pour cette promenade elle a mis des souliers de montagne. – **3.** Le plus souvent elle se maquille très discrètement ; mais à cette fête elle s'est fait un maquillage extraordinaire. – **4.** Il n'arrête pas de poser des questions ; pour une fois à la dernière réunion on ne l'a pas entendu. – **5.** À Noël, ils vont sur la Côte d'Azur ; exceptionnellement l'hiver prochain, ils iront en Espagne. – **6.** Habituellement, je vais au travail à pied ; demain avec cette neige je prendrai le bus. – **7.** Ordinairement, il ne quitte pas la maison ; pourtant, dans quinze jours, il partira pour les USA. – **8.** Le matin nous avons cours à 8 heures mais la semaine prochaine, nous commencerons à 9 heures – **9.** Chaque hiver nous passons une semaine dans une station de ski, mais cet hiver nous irons à la Martinique. – **10.** Normalement elle prend le bus pour aller à son travail mais mardi prochain, avec la grève, elle prendra son vélo. – **11.** D'habitude, il prend l'avion pour aller à Paris, mais la prochaine fois, il ira en TGV. –

12. Mon mari m'invite assez souvent dans un bon restaurant, mais la semaine dernière il m'a emmenée dans un trois étoiles. – **13.** Quand nous allons déjeuner chez nos amis algériens, il y a toujours un couscous, mais dimanche dernier, ils nous ont fait un méchoui.

Imparfait / Passé composé

18

1. Quand j'étais petit, j'avais peur du noir; ma peur a disparu quand j'ai fait du camping avec des amis. – **2.** Quand nous étions étudiants, nous sortions tous les soirs; nous avons changé de style de vie quand nous nous sommes mariés. – **3.** Quand il était adolescent, il en voulait au monde entier; son caractère est devenu plus agréable quand il est devenu adulte. – **4.** Quand j'avais de l'argent, je dépensais tout; mon comportement a évolué quand je me suis retrouvé au chômage pendant quelques mois. – **5.** Quand tu faisais du vélo, tu étais en pleine forme; ta santé s'est dégradée quand tu as cessé de faire du sport. – **6.** Quand ils étaient mariés, ils se disputaient tout le temps; ils sont devenus très sympathiques quand ils se sont séparés. – **7.** Quand elle était femme au foyer, elle ne s'intéressait à rien; elle s'est mise à faire des études quand ses enfants ont quitté la maison. – **8.** Quand vous travailliez dans cette entreprise, vous étiez dépressive; vous avez retrouvé la joie de vivre quand vous avez décidé de faire un autre métier.

19

Propositions
- Avant, je ne savais pas parler en public, mais au Club on m'a fait faire du théâtre.
- Avant, je n'arrivais pas à tenir sur une planche à voile, mais au Club je me suis lancée.
- Avant, j'étais timide, mais grâce au Club j'ai pris confiance en moi.
- Avant je ne savais pas jouer même dans une pièce de théâtre amateur, mais au Club j'ai eu le courage de monter sur les planches.
- Avant, je ne bronzais jamais l'été mais au Club on m'a indiqué une crème solaire formidable.
- Avant je trouvais les minijupes ridicules, mais au Club j'ai décidé de montrer mes jambes.

20

Avant	Changements	Aujourd'hui
On élevait sa progéniture sans réfléchir	Le modèle familial classique a éclaté.	Les parents d'aujourd'hui sont inquiets
Quand on faisait dix enfants, on investissait moins	Le monde industriel… ont tout chamboulé	L'enfant est devenu le centre.
Il était… de les éduquer à la dure	Le taux de la mortalité s'est beaucoup réduit	On veut qu'il nous aime
On était là pour les éduquer	On s'est mis à faire moins d'enfants	On a même peur
Les familles étaient tribales	On a commencé à les…	Les parents font appel
Plusieurs générations vivaient		
Il y avait toujours… qui savait		
	Ils n'ont pas gagné	De nombreux enfants passent
	Les divorces se sont multipliés	Les parents font… mais travaillent
On avait peur		Le parent n'a pas le courage
	Et pourtant rien n'a changé… les formes ont évolué	On redoute
Le *pater familias* avait		Les enfants ont besoin
	L'auteur a parcouru	Il est surpris
		Il ne s'agit pas
	Sont devenues	Il s'agit… qui considère… qui a besoin
		Les psys ont de beaux jours
	Qu'est-ce que j'ai fait	
		Détendez-vous; admettez; n'ayez pas peur

21

Voici, à titre d'exemple, quelques changements importants :
Les mœurs ont évolué ; les mentalités se sont transformées ; les habitudes se sont modifiées. Le confort est devenu indispensable.
On a découvert de nouveaux médicaments (de nouveaux médicaments ont été découverts). Les hommes ont créé (inventé) de nouvelles technologies. Les scientifiques ont élaboré (mis au point) de nouvelles espèces végétales.
Le niveau de vie a augmenté. La population a crû. La place des machines a grandi. Le niveau d'éducation a monté (s'est élevé). Le confort matériel a pris de l'importance. De nouvelles industries se sont développées. Les produits de demi luxe se sont diffusés (propagés, répandus). Le tennis s'est démocratisé. Les vacances de neige sont devenues accessibles. Le temps de travail a diminué. La mortalité infantile a baissé. Le nombre des malades de la tuberculose s'est réduit. La peste a disparu. L'éclairage au gaz a été remplacé par l'éclairage à l'électricité.
La médecine a fait des progrès rapides. La recherche spatiale a progressé à pas de géants. L'électroménager s'est considérablement amélioré. Les tâches ménagères se sont simplifiées. Les machines ont simplifié la vie des femmes. La qualité de l'environnement s'est dégradée. La pollution a empiré. Les études se sont compliquées. Les ordinateurs ont compliqué de nombreux métiers. La qualité de la communication humaine a régressé.

22 *Propositions*

2. Elle traversait le carrefour, soudain elle a entendu un grand bruit. – **4.** Elle se promenait tranquillement, à un moment un homme à la mine patibulaire s'est approché d'elle, elle a eu peur. – **5.** Elle rentrait du cinéma, c'est alors qu'elle a rencontré son vieil ami Bernard. – **6.** Elle regardait les affiches, subitement elle a senti une main dans son dos. – **7.** Ils jouaient au tennis, soudain il s'est mis à pleuvoir très fort. – **8.** Je roulais lentement, j'allais prendre le virage, brusquement une voiture est arrivée en face. – **9.** Il lisait la lettre de Brigitte, c'est alors qu'il a compris tout le problème. – **10.** Dans la salle de concert tous les gens bavardaient, tout à coup tout le monde s'est levé : le chef d'orchestre arrivait sur la scène. – **11.** Le conférencier parlait brillamment, subitement il s'est arrêté pour sourire à une belle jeune fille qui entrait. – **12.** La fête battait son plein, à un moment toutes les lumières se sont éteintes : c'était une panne d'électricité.

23

Actions principales	Actions secondaires
Martine est sortie du taxi avec ses deux grosses valises.	
Elle est entrée dans son immeuble et a appelé l'ascenseur. →	pendant qu'elle l'attendait.
Elle a entendu des bruits bizarres dans les étages : →	on traînait des meubles, des casseroles tombaient, un bébé hurlait, des gens criaient.
Elle a appuyé à nouveau sur le bouton de l'ascenseur →	qui n'arrivait toujours pas.
Enfin elle a compris, →	ses voisins déménageaient.
Elle a monté à pied ses deux grosses valises →	pendant que les déménageurs descendaient le piano.

24

1. Quand l'acteur est entré en scène le public **applaudissait**…; le public **a crié**… – **2.** Quand je suis rentré chez moi la radio **marchait**…; mon fils **m'a sauté au cou**. – **3.** Quand le téléphone a sonné, **j'ai sursauté**; **j'étais** sous la douche. – **4.** Quand l'orage a éclaté, Lucie **a fermé**…; Lucie **jouait**… – **5.** Quand le train est arrivé, nous **faisions**…; nous **nous sommes précipités**… – **6.** Quand le champion a passé la ligne d'arrivée, le public **l'a acclamé**…; son principal adversaire **était** loin derrière lui. – **7.** Quand ils ont appris la nouvelle, les journalistes **ont couru**…; ses parents **dînaient**… – **8.** Quand l'heure du départ est arrivée, elle **discutait**…; elle **a pris**… elle **est partie**… – **9.** Quand ils se sont mariés, ils **avaient** déjà…; elle **s'est évanouie**… – **10.** Quand la voiture est tombée en panne, nous **roulions**…; nous **avons poussé**…

25 *Propositions*

1. Hier matin, **j'avais tellement de choses à faire à la maison que** j'ai manqué le bus et je suis arrivé en retard à mon travail. **Il était 10 heures.** Je me suis installé à mon bureau et j'ai commencé à lire le courrier. **Toutes les secrétaires étaient très occupées et tapaient consciencieusement sur leur machine, j'entendais deux collègues discuter dans le bureau d'à côté.** Quelques minutes après, mon patron m'a appelé dans son bureau pour me demander des explications. **Il avait l'air très fâché. Je ne savais pas quoi dire.**

2. Pour les vacances d'hiver, nous avons loué un studio dans une station de ski. **C'était très cher et nous voulions en profiter au maximum.** Ainsi samedi dernier, le premier jour des vacances, nous sommes partis avec des amis pour aller faire du ski. **Nous étions tous très contents et nous attendions ce moment avec impatience. Il neigeait et nous nous sentions très excités.** Nous avons pris la voiture mais à cause de la circulation et **de la neige qui tombait de plus en plus fort** nous avons mis 6 heures pour faire 60 km. **Dans la voiture nous chantions et nous bavardions pour faire passer le temps** et nous sommes arrivés très fatigués à 22 heures.

3. Comme il faisait très beau mes filles sont allées à la manifestation du 1ᵉʳ mai **qui avait lieu sur la place principale de la ville.** Elles ont rencontré des tas de vieux amis. Elles sont allées boire un pot sur une terrasse **où beaucoup de monde buvait, bavardait et profitait de cette belle journée.** L'après-midi elles sont allées cueillir du muguet **dans les bois qui sentaient bon le printemps** et elles ont fini la soirée dans une boîte de nuit. Elles sont rentrées à 4 heures du matin. **Elles étaient fatiguées mais contentes de leur journée.**

4. À 26 ans, je me suis installé à Lyon **où je venais de trouver un travail qui me plaisait beaucoup; j'étais très content.** Quelques mois plus tard, j'ai rencontré Marie-Claude. **C'était chez des amis, elle portait une robe bleue qui mettait en valeur son teint et faisait ressortir ses yeux du même bleu, elle était très belle : j'étais fasciné.** Un an après, nous nous sommes mariés. Nous avons loué un appartement dans le centre-ville. **Il donnait sur la place Bellecour et le soleil entrait par les grandes baies vitrées. Nous étions ravis.** Et trois ans plus tard notre premier enfant est né. **C'était Valérie, une jolie petite fille qui avait les mêmes yeux que sa maman.**

26 *Exercice de créativité*

27

1. Je ne l'ai pas trouvé./Il y avait déjà trop de linge dans la machine. – **2.** Mon réveil n'a pas sonné./Les bus étaient en grève. – **3.** Aucune ne m'a plu./Elles étaient toutes moches. – **4.** Ton frère l'a énervé avec ses discours politiques./Il était complètement éreinté. – **5.** On a eu envie de rester seuls./On était au cinéma. – **6.** Je l'ai peut-être laissé dans la voiture./Il était pourtant dans mon sac tout à l'heure. – **7.** Il a fait des allusions très indiscrètes à ma fille./Il m'exaspérait. – **8.** Je n'en ai pas trouvé. – Ils n'étaient pas beaux. – **9.** Je les ai confondues avec les miennes. Elles se ressemblaient tellement ! – **10.** C'est lui qui me l'a demandé./Il n'en avait pas et ça lui faisait plaisir.

28

D'habitude, je vais au travail en voiture. Hier, comme mon auto **était** chez le garagiste, **j'ai voulu** aller au bureau en bus. Pas de chance, tous les transports en commun **faisaient** grève ! A ce moment-là, **j'ai pensé** prendre un taxi. J'ai téléphoné à un taxi, j'ai attendu plus d'une demi-heure : rien. Je **ne savais plus** quoi faire ; je **devais** aller travailler…
Finalement, **j'ai décidé** de m'y rendre à pied. Je suis arrivée avec une heure de retard mais, pour une fois, mon patron **a été** compréhensif !

- Tiens ! je **ne savais pas** que tu avais un chien.
- Ah, ma pauvre amie, j'avais toujours dit que je **ne voulais pas** de chien à la maison, mais avec les enfants on ne fait pas ce qu'on veut. Donc, il y a une semaine, Thomas est revenu de l'école en pleurant. **J'ai cru** qu'il avait été puni à l'école. Pas du tout… Il venait de croiser le voisin avec un panier qui contenait un petit chien dont il **devait** se débarrasser : il en **avait** déjà cinq. **Je n'ai pas pu** m'empêcher de sourire en écoutant son histoire. Je lui ai dit qu'on allait y réfléchir. Je **pensais/j'ai pensé** qu'il oublierait ce chien. Mais quand j'ai vu qu'il n'en dormait plus, **il m'a fallu** céder. Je **pouvais** bien lui faire ce plaisir, c'est un gentil garçon et ce petit chien est si mignon !

29

Il faisait beau. Heureuse, elle se promenait et elle regardait tranquillement les vitrines. Lui, il la suivait car il la trouvait très séduisante, mais il n'osait pas lui parler. Soudain, elle a été heurtée par un vélomoteur qui a pris la fuite, et elle est tombée. Elle s'est cogné la tête contre le trottoir et elle est tombée dans les pommes. Aussitôt, il s'est précipité et il l'a prise dans ses bras. Il était très inquiet. Il l'a emportée dans une pharmacie voisine. Quand elle s'est réveillée, car elle n'était pas très gravement blessée, il la regardait tendrement. Ils se sont mariés trois mois plus tard.

30 *Exercice de créativité*

Le plus-que-parfait

Corpus d'observation

1

je t'avais amoureusement préparé ; je leur avais fait prendre ; ils avaient dîné ; je leur avais raconté ; la vaisselle avait été faite (plus-que-parfait passif).

Exercices

31

Imparfait	Imparfait passif	Passé composé	Plus-que-parfait
2. n'était pas là	6. j'étais exaspérée	1. André est rentré	4. elle était partie
7. j'avais envie	16. elle était déçue	3. il l'a cherchée	5. elle avait laissé un mot
8. Pierre voulait	17. il était bouleversé	9. il m'a proposé	13. lui avait pourtant dit
12. A. ne comprenait pas	24. il n'était pas abandonné	10. j'ai été	18. il n'avait remarqué
14. tout allait bien		11. j'ai accepté	19. il avait été
15. il découvrait			20. avait pris fin
21. rêvait-il ?			22. avait-il entendu
23. c'était bien elle			25. elle était allée

32 *Propositions*

a) - Imparfait : J'étais fatigué./Ma voiture roulait mal./Il y avait des embouteillages./Je croyais être à l'heure.

- Plus-que-parfait : Ma voiture était tombée en panne./Je m'étais perdu./J'avais confondu les heures./Je m'étais blessé avant de partir.

b) Il était tombé amoureux la veille./Il avait trop bu le soir d'avant./Il était tombé dans l'escalier./Son patron l'avait menacé de le mettre à la porte./Sa femme s'était fâchée contre lui.

c) Tu n'avais jamais fait la vaisselle./Tu ne m'avais jamais apporté le petit déjeuner au lit./Tu n'avais jamais pensé à m'emmener danser./Tu ne t'étais jamais occupé des courses./Tu n'avais jamais fait quoi que ce soit pour moi./Tu t'étais moqué de maman.

d) Ils avaient fait des économies./Ils avaient pris un congé./Ils avaient vendu l'appartement./Ils n'étaient pas sortis pendant deux ans./Ils avaient fait des heures supplémentaires/Ils s'étaient fait vacciner./Ils avaient demandé tous les visas./Ils avaient étudié les cartes./Ils s'étaient préparés en étudiant plusieurs langues./Ils avaient confié le chat à des amis.

e) 1. Vous aviez oublié de préparer mon discours d'accueil ! – **2.** Vous n'aviez pas amené les retraités et les enfants des écoles ! – **3.** Vous n'aviez pas vérifié la solidité de l'estrade ! – **4.** Vous n'aviez pas convoqué la télévision ! – **5.** Vous ne vous étiez pas occupés correctement des liaisons téléphoniques ! – **6.** Vous aviez oublié que le président déteste le poisson ! – **7.** Vous ne vous étiez pas souvenu que sa femme déteste le vin rouge ! – **8.** Vous n'aviez pas fait d'essais avec le micro ! – **9.** Vous n'aviez pas pensé à repeindre les toilettes ! – **10.** Vous n'aviez pas placé de policiers sur les toits !

Synthèse

33 *Propositions*
a)
- **Actions :**
Les gens ont beaucoup ri, se sont bien amusés. L'orchestre a joué avec entrain, s'est défoncé (français familier). Les jeunes ont profité de la soirée au maximum, se sont éclatés (f. fam.). Les adultes ont bu toutes les réserves d'alcool, ont dansé avec enthousiasme. Les journalistes ont pris des photos, sont restés pour danser. Nous avons couru partout et veillé à tout.

- **Descriptions** :
Tout le monde avait l'air gai et souriait. Les garçons étaient élégants et portaient des nœuds papillon. Les filles sentaient le parfum et avaient des robes de bal. La musique était variée et s'entendait bien partout. Les boissons ne manquaient pas et étaient originales. La nourriture était abondante et de bonne qualité. Les serveurs faisaient leur travail efficacement. Nous n'avions pas une minute à nous et nous étions un peu fatigués.

b) Nous avions collé des affiches. Nous avions envoyé des invitations. Nous avions prévenu la presse. Nous avions fait des annonces à la radio. Nous étions allés à la Mairie demander une salle. Nous étions partis à Paris chercher un bon orchestre. Nous avions loué une bonne sono. Nous avions prévu tous les styles de musique. Nous avions organisé la sécurité. Nous avions offert des billets gratuits aux gens les plus drôles. Nous avions pris de bons produits pour le buffet. Nous nous étions préparés moralement et physiquement. Nous nous étions occupés de la décoration.

c) Peu de monde **était venu**. Des jeunes **avaient tout cassé**. Les filles n'avaient **pas voulu danser**. Des loubards (= voyous) **étaient entrés de force**. L'orchestre **avait mal joué**. La sono **était tombée en panne**. La presse **ne s'était pas déplacée**. Le buffet **avait disparu en une demi-heure**. Les gens **ne s'étaient pas amusés**. Nous nous étions **écroulés de fatigue**.

d) On était, qui s'étaient perdus, personne ne savait… venait ou viendrait ; était *ou* a été ; s'est passée… j'étais ; j'avais organisé… j'ai eu envie ; J'ai laissé… nous sommes partis ; il faisait, il y avait ; nous avons trouvé… nous sommes partis ; nous avons sablé.

e) *Exercice de créativité*

34
a) **Rire** : **1.** ont ri – **2.** riait – **3.** avaient ri.
b) **Applaudir** : **1.** applaudissaient – **2.** ont applaudi – **3.** avaient applaudi.
c) **Sortir** : **1.** était sorti – **2.** sont sortis – **3.** sortaient.
d) **Oublier** : **1.** on a oublié – **2.** on avait oublié – **3.** j'oubliais.
e) **Ouvrir** : **1.** nous ouvrions – **2.** nous avons ouvert – **3.** nous avions ouvertes.
f) **Se coucher** : **1.** nous nous couchions – **2.** nous nous étions couchés – **3.** nous nous sommes couchés
g) **S'asseoir** : **1.** ils se sont assis – **2.** ils s'asseyaient – **3.** ils s'étaient assis.

35
1. Quand il nous a offert des billets, nous n'étions jamais allés à l'opéra. – **2.** Quand il m'a passé le volant, je n'avais jamais conduit. – **3.** Quand il vous a embauché comme vendeur, vous n'aviez jamais travaillé dans le commerce. – **4.** Quand elle nous a promenés en haute montagne, nous n'avions jamais mis les pieds en altitude. – **5.** Quand ils ont émigré en Australie, ils n'étaient jamais partis aussi loin. – **6.** Quand ils sont allés au bal du président, ils n'avaient jamais assisté à une grande réception. – **7.** Quand nous les avons rencontrés dans la jungle, nous n'avions jamais vu les pygmées. – **8.** Quand ils sont allés à ce safari, vous ne les aviez jamais rencontrés. – **9.** Quand elle t'a invité au restaurant, tu n'avais jamais goûté de cuisine indonésienne. – **10.** Quand tu les as rencontrées à Paris, tu n'avais jamais rencontré de femmes aussi amusantes.

36

1. Il avait déjà brûlé les papiers quand elle a voulu les récupérer. – **2.** Le train était déjà parti quand il est arrivé à la gare. – **3.** Elle avait déjà appris la nouvelle quand il lui a téléphoné. – **4.** Ils avaient déjà eu le temps de cacher l'arme quand la police est arrivée. – **5.** Les jeunes s'étaient déjà enfuis quand les gardiens sont entrés dans le magasin. – **6.** Les employés avaient déjà réglé le problème quand le patron a voulu s'en occuper. – **7.** Elle s'était déjà mariée quand il est revenu d'Afrique pour l'épouser. – **8.** Le bateau avait déjà coulé quand les secours sont arrivés. – **9.** Les enfants avaient déjà mangé le gâteau quand les parents ont voulu se servir. – **10.** Tous les étudiants étaient déjà partis quand le professeur est arrivé.

37 *Propositions*

Dès qu'il était rentré à la maison, il allumait la télévision./Quand elle avait lu le journal, elle sortait faire un tour./Toutes les fois que nous avions bu un verre, nous nous mettions à chanter./Quand j'avais fini le ménage, je m'offrais un petit gâteau./Toutes les fois qu'elle avait eu une journée difficile, elle giflait les enfants./Quand elles avaient acheté une nouvelle robe, elles se sentaient coupables./Lorsqu'ils avaient fait un bon repas, ils se mettaient au régime./Aussitôt que vous aviez rencontré une personne intéressante, vous notiez sa description dans un journal intime./Lorsque nous avions terminé un tableau, nous le mettions en vente./Toutes les fois qu'il avait été trop gentil, il devenait agressif./Quand j'avais trop travaillé, je tombais malade./Chaque fois que vous aviez fait une promenade, vous vous arrêtiez à la pâtisserie./Aussitôt qu'il avait vidé son sac, il se sentait plus léger.

38

1. où on n'avait jamais reconnu son talent, qui n'avait jamais rien fait pour l'aider et qu'il n'avait jamais vraiment aimée. – **2.** qui était cette fille qui avait dansé toute la soirée avec notre ami Paul, que personne n'avait rencontrée avant et pour qui de nombreux jeunes hommes s'étaient sûrement disputés – **3.** les photos qui avaient été prises à cette fameuse soirée, que nous avait apportées le facteur et au dos desquelles Paul avaient été écrits quelques commentaires. – **4.** l'homme qui avait reçu le prix Nobel, que la télévision avait présenté au journal de 20 heures et autour de qui s'étaient massés tous les enfants de la rue.

39

a) 1. Il a eu une promotion **parce qu'/ car** il avait empêché la femme de son patron de tomber. – **2.** Il a obtenu un gros contrat **parce que / car** on lui avait donné une information confidentielle. – **3.** Il a monté une entreprise aux USA **parce qu'/ car** il avait rencontré un homme d'affaires américain au golf. – **4.** Il a épousé l'héritière d'un consortium de journaux **parce qu'/ car** il avait rendu service à un magnat de la presse. – **5.** Avec sa femme ils se sont trouvés à la tête d'une collection extraordinaire **car / parce qu'**ils avaient acheté beaucoup de tableaux contemporains. – **6.** Ils ont pu se retirer des affaires assez jeunes **car / parce qu'**ils avaient revendu leur collection. – **7.** Ils ont fini leur vie sous les cocotiers **car / parce qu'**ils avaient acheté une île privée.

b) 2. Comme on lui avait donné une information confidentielle, il a obtenu… – **3.** Comme il avait rencontré un homme d'affaires américain au golf, il a monté… – **4.** Comme il avait rendu service à un magnat de la presse, il a épousé… – **5.** Comme ils avaient acheté… ils se sont trouvés… – **6.** Comme ils avaient revendu… ils ont pu se retirer… – **7.** Comme ils avaient acheté… ils ont fini…

40

b)

- Je

RÉCIT A

Je me suis réveillé(e) très tôt, j'ai préparé les enfants, je les ai déposés à l'école puis je suis allé(e) au travail.

RÉCIT B

Je suis arrivé(e) au travail, mais auparavant je m'étais réveillé(e) très tôt, j'avais préparé les enfants et je les avais déposés à l'école.

- Nous

RÉCIT A

Nous nous sommes levées à l'aurore et nous avons pris le car pour les Deux Alpes. Nous nous sommes amusées comme des folles sur les pistes et nous sommes retournées très tard à Grenoble.

RÉCIT B

Nous sommes retournées très tard à Grenoble : nous nous étions levées à l'aurore puis nous avions pris le car pour les Deux Alpes. Ensuite nous nous étions amusées comme des folles sur les pistes.

-Vous

RÉCIT A

Vous êtes tombés en panne sur l'autoroute, vous avez laissé la voiture dans un garage, vous avez passé la nuit à l'hôtel en attendant et finalement, vous avez récupéré la voiture chez le mécanicien.

RÉCIT B

Vous avez récupéré la voiture chez le mécanicien. Avant, vous étiez tombés en panne sur l'autoroute, vous aviez laissé la voiture dans un garage et vous aviez passé la nuit à l'hôtel en attendant.

- Elle

RÉCIT A

Elle a volé dans un supermarché puis elle a cassé les cabines téléphoniques et après elle a insulté les agents, alors elle a fini dans un centre de redressement.

RÉCIT B

Elle a fini dans un centre de redressement parce qu'elle avait volé dans un supermarché, cassé des cabines téléphoniques et insulté des agents.

- Ils

RÉCIT A

Ils sont partis en vacances en voiture mais ils ont perdu les clés, les papiers, l'argent et la voiture. Alors ils ont dormi sous les ponts et ils sont rentrés en stop.

RÉCIT B

Ils sont rentrés en stop… Juste avant ils avaient dormi sous les ponts parce qu'ils avaient perdu les clés, les papiers, l'argent et la voiture avec laquelle ils étaient partis en vacances.

- Tu

RÉCIT A

Tu as d'abord cassé un joli vase, puis tu t'es fait mal en tombant, après tu t'es disputé avec ta mère et finalement tu as éclaté en sanglots.

RÉCIT B

Tu as éclaté en sanglots pour finir car, auparavant, tu avais cassé un joli vase puis tu t'étais fait mal en tombant et tu t'étais disputé avec ta mère.

41

Beaucoup de verbes sont au plus-que-parfait parce que le récit ne suit pas l'ordre chronologique : la première phrase au passé composé correspond à l'événement passé le plus récent ; puis il y a un retour en arrière racontant la vie de B. Péquignot. Le dernier verbe au futur annonce un événement à venir.
Il en est de même pour le second texte.

42

UNE ÉVASION QUI SURPREND TOUT LE MONDE

6. s'est évadé, on ne connaît pas – **5.** son procès a eu lieu, il a été condamné – **1.** avait mené, c'était…, il pêchait – **2.** il avait décidé, il avait consulté, était devenu – **3.** il avait passé, il avait reçu, il n'avait rien envoyé – **4.** avaient porté plainte, avait été arrêté et placé…

BIOGRAPHIE DE L'ACTEUR ROBERT NEWMAN

10. RB est mort à 70 ans – **1.** il était né – **2.** il avait tourné – **3.** puis avait suivi une série (il avait joué dans…) – **4.** il s'était marié avec… dont il avait divorcé – **5.** il avait épousé ensuite… dont il s'était séparé – **6.** il avait enfin épousé – **7.** il avait fondé – **8.** il avait commencé… qu'il avait poursuivie – **9.** il avait participé à des activités, il avait fondé, il avait été élu puis proposé – **12.** ses obsèques ont eu lieu (il a été porté en terre).

43

Récit 1 : ont décidé, ont travaillé ; ont économisé ; ont acheté.
Récit 2 : ont acheté ; avaient décidé ; avaient travaillé ; avaient économisé.

44

Verbes utilisés : se rassembler ; faire un discours ; défiler ; des incidents se produisent *ou* ont lieu ; arriver ; se disperser.
Récit 1 :   passé composé.
Récit 2 :   7 : passé composé.
              1 à 6 : plus-que-parfait.
Récit 3 :   1, 2, 3, 5, 6, 7 : passé composé.
              4 : plus-que-parfait.
Récit 4 :   4 : passé composé.
              1, 2, 3 : plus-que-parfait.
              5, 6, 7 : passé composé.

45

1. Il était angoissé. Il n'avait pas assez travaillé. Il a mal compris le sujet/Il avait mal compris le sujet. – **2.** Elle en avait assez/Elle en a eu assez. Il l'avait battue la veille. Elle s'est décidée en une nuit. – **3.** Il était convaincant/Il a été convaincant. J'en avais déjà entendu parler. J'ai eu des doutes/J'avais des doutes. – **4.** J'étais fatigué. Ils étaient/ont été/avaient été insupportables. J'ai perdu mon contrôle. – **5.** Nous étions en retard. Nous avions oublié/avons oublié l'heure. Nous nous sommes trompés de gare. – **6.** Le téléphone était en dérangement. J'avais oublié de le noter sur mon agenda. Je n'ai pas eu/je n'avais pas le temps. – **7.** Il en rêvait depuis longtemps. Il m'en a parlé/avait parlé. J'avais tout préparé avec lui.

46

a) Il m'est arrivé une drôle d'histoire : comme je roulais en direction de Lyon, un motard m'a arrêté. Obéissant, je me suis garé sur le bord de la route et je lui ai montré les papiers de la voiture. Il avait l'air très nerveux et il regardait tout le temps derrière lui. J'ai trouvé ça plutôt bizarre. Puis il m'a demandé de sortir de la voiture pour regarder les pneus et tout d'un coup il a pris le volant et il est parti avec ma voiture ! J'ai été/J'étais tellement étonné que je n'ai même pas réagi. Heureusement un autre motard est arrivé et j'ai compris ce qui s'était passé : c'était un faux motard qui avait volé un uniforme et une moto pour s'enfuir... Ils l'ont arrêté et j'ai retrouvé ma voiture qui était en bon état.

b) Nous marchions dans la rue et soudain nous avons entendu des cris sur la droite. Nous sommes allés voir ce que c'était mais nous n'avons pas compris tout de suite. Il y avait un gros camion sur un trottoir et des gens qui couraient partout. Ils essayaient tous de rentrer dans les immeubles et, dans les magasins, nous voyions des têtes apeurées qui regardaient la rue. Quelqu'un nous a crié en courant de ne pas rester là si nous ne voulions pas nous faire manger : un lion s'était échappé du camion. Nous avons commencé à regarder autour de nous et nous n'avons pas vu le lion. Où était-il ? Tout d'un coup nous nous sommes aperçus qu'il était juste derrière nous. Nous avons eu très peur mais il nous regardait gentiment et au lieu de nous sauver nous lui avons parlé. Il s'est assis et nous a écoutés. Son maître est arrivé et l'a fait remonter dans le camion : il avait simplement oublié de fermer la porte et il était allé boire un pot au café. Les gens qui avaient été si peu courageux avec le lion l'étaient beaucoup plus avec son maître et lui faisaient des reproches. Assis sur son derrière le lion regardait tout ça avec un air très calme.

c) Il la **suivait** depuis un moment. Elle **était** sûre qu'il voulait la tuer. Autrefois, **ils s'étaient aimés,** mais elle **l'avait quitté** pour continuer ses études. Lui, il ne **comprenait** pas/**n'avait pas compris** qu'une femme préfère des études à un mari. Il n'**était** pas très moderne. Elle **pensait** qu'il ne lui **avait jamais pardonné.** Et maintenant, il la **suivait.** Elle **se sentait paniquée.** Que **fallait-il** faire ? Elle **pouvait** demander de l'aide, mais qui la croirait ? Il **avait** l'air si bien élevé. Brusquement, elle **a tourné** au coin de la rue et **s'est mise** à courir en regardant de temps en temps derrière elle. Un chien **passait** malencontreusement par là. Elle ne **l'a pas vu** et elle **est tombée** la tête contre un arbre. L'homme qui la **suivait a écarté** les passants et **l'a emportée.** Elle **mourait** de peur. L'air préoccupé, il ne **disait** rien. Il **l'a déposée** dans sa voiture et il lui **a dit** : « Chérie, tu as l'air fâchée contre moi, pourquoi ? »

47

Qu'est-il devenu ?

était ; a ; a fait son chemin ; n'était pas, lui a pris, est devenu ; a installé ; il a déjà vendu ; est maintenant exposée ; avait décidé, il l'a fait ; avait rêvé, il y est arrivé ; se considère ; lui avait dit… était ; l'avait traumatisé ; il en rit, il déclare… J'ai peut-être réussi ; elles m'ont mis en colère… j'ai tout fait ; Je lui dois, il éclate ; je vous l'ai dit, c'est.

Jeanne d'Arc

est née *ou* était née… est restée ; ne s'est jamais présentée ; elle est entrée ; avait entendu… demandaient, était… on avait entendu, devait ; elle a eu… elle a rejoint, lui a affirmé… elle pouvait ; elle a réussi… qui assiégeaient… a fait couronner, on l'a fait… elle a été livrée, qui l'ont brûlée ; elle est devenue.
(d'autres temps sont parfois possibles)

48

nous avions décidé ; nous avons trouvé… nous l'avons achetée ; nous étions ; avait fait, était ; semblait *ou* a semblé, a plu ; coulait ; nous avons pensé… il y avait, nous sommes montés, nous n'avions pas visité ; Nous y avons trouvé… avait installées, ne suffisaient pas ; Nous les avons vidées et replacées ; s'étaient déplacées… étaient ; s'est arrêtée… il en était tombé, était inondée… qui ne nous était pas arrivé ; avait oublié, avait inondé.

49

a) La Table Ronde, le plus vieux café de France après le Procope à Paris. Cela **faisait** quatre heures qu'il **était assis** à la terrasse à observer le brassage des diverses tribus de la vie grenobloise. Il ne le **regrettait** pas. Pendant l'après-midi, à la terrasse, il **avait sympathisé** avec différents jeunes et chercheurs. Cela lui **donnait** ou **avait donné** une impression à la fois intellectuelle et montagnarde de la ville.

19 heures. Son estomac **a réclamé**. L'envie fugitive de changer de lieu l'**a traversé**, mais il **a changé** aussitôt d'avis. Son guide ne **décrivait-il pa**s ce lieu comme une bonne table ? Il **s'est donc contenté** de migrer à l'intérieur.

Une grande table **réunissait** des employés municipaux. Il **a commandé** un gratin dauphinois et **a écouté** leur conversation. Son image de la ville **se précisait** : inventive, frondeuse, nostalgique de son beau passé social, et leader dans les industries de pointe.

La bouteille de Côtes-du-Rhône l'**a détendu** délicieusement. Il **était** mûr pour finir la soirée au « Grenier », cabaret spectacle au-dessus du restaurant.

Une bonne journée, somme toute.

b) *Exercice de créativité*

Le conditionnel

Conditionnel présent

1

b) **1.** n'existerait pas… serait démodée – **2.** n'essaierait… ne saurait pas. – **3.** disparaîtrait – **4.** se volatiliseraient. – **5.** s'éteindraient… il n'y aurait plus… se tueraient – **6.** nous n'aurions pas peur, nous saurions.

2

En 1967, on pensait qu'on prendrait sa retraite à 60 ans.
- Que les rapports entre employés et employeurs seraient plus faciles.
- Qu'on pourrait suivre des cours pratiquement toute sa vie.
- Que presque toutes les femmes auraient un emploi.
- Que les grandes entreprises auraient fusionné.
- Que la semaine de travail serait de moins de 30 heures et les congés payés de deux mois.
- Qu'un tiers au moins des adultes français seraient passés par l'université.

3

compterait *ou* aurait compté, gagnerait *ou* aurait gagné ; nous essayerions, nous nous disputerions ; se fâcheraient, nous menaceraient ; Nous ferions, nous serions, nous ririons ; nous nous précipiterions, nous partirions ; il y aurait, on entendrait ; on s'arrêterait, ils nous donneraient… nous aurions, ils nous emmèneraient, ils nous montreraient ; nous rentrerions… elle ferait, elle nous mettrait ; on jouerait… déborderait ; Papa viendrait… nous passerions… nous mangerions, nous nous régalerions.

4

a) Verbes au conditionnel : j'aimerais (souhait) ; représenteraient ; s'occuperaient ; resterait (projets hypothétiques et imaginaires)

b) Il faudrait ; demanderait… utiliserait, consommerait ; dureraient… on en jouirait ; ils coûteraient, s'y retrouverait… il devrait ; serait réduit, serait prévu.

c) *Exercice de créativité : proposition.*
Monsieur le Président de la République,
Nous avons besoin de votre aide pour réaliser ce projet de développement de notre petite commune de montagne. Nous **voudrions** implanter un Centre de loisirs hiver-été, destiné aux personnes défavorisées.
Le Centre **aurait** deux bâtiments. Le premier destiné aux activités collectives, **serait** composé d'une grande salle de repos, d'une salle à manger, d'une salle de ping-pong et nous y **installerions** aussi les locaux administratifs. Dans le deuxième, nous **installerions** le centre de ski et, au premier étage, les chambres. Celles-ci **seraient** toutes pourvues de sanitaires et **donneraient** toutes sur nos beaux paysages.
Nous **organiserions**, en liaison avec les mairies et les départements des stages et des séjours pour jeunes défavorisés afin de les mettre en contact avec d'autres réalités et faciliter ainsi leur insertion dans la société. Nous leur **ferions** découvrir la nature, nous les **ferions** travailler aux champs, nous leurs **ferions** pratiquer un ou plusieurs sports et nous **participerions** ainsi à l'effort de la nation pour les jeunes.
Pour cela nous **aurions** besoin de subventions. Le département s'est engagé pour une moitié des dépenses. L'État ne **pourrait**-il pas faire un geste ?
Dans l'attente d'une réponse favorable qui **permettrait** à la commune de survivre, nous vous prions de bien vouloir agréer nos salutations les plus respectueuses.

Conditionnel passé

5

a) J'ai épousé Georges parce qu'il représentait la sécurité mais **je n'aurais pas dû** parce que j'aimais Jacques qui était aventureux.
Avec Jacques, **on aurait été** heureux… J'aurais vécu une vie moins tranquille mais **je me serais plus amusée**. **On aurait pris** des risques, **on aurait voyagé**, **on aurait rencontré** toutes sortes de gens. **On aurait mené** notre vie tambour battant comme une aventure… **On se serait moqué(s)** du qu'en dira-t on… **J'aurais pu** être une autre femme…

J'aurais dû convaincre Marie de m'épouser au lieu de partir voyager. **J'aurais eu** une vie plus classique mais plus calme. **J'aurais connu** la vie de famille, **j'aurais eu** un travail stable, **elle m'aurait chouchouté**, **j'aurais été** un papa poule. **On serait allé(s)** en camping toujours au même endroit retrouver nos vieux copains. **J'aurais joué** à la pétanque. **J'aurais été** totalement différent…

b) *Exercice de créativité*

6 *Propositions*
- tu aurais pu faire attention ! : à quelqu'un qui vient de vous bousculer ou de vous faire une tache.
- tu aurais pu mieux faire ! : un père à un enfant dont les résultats scolaires sont insuffisants.
- tu aurais pu y penser ! : à quelqu'un qui a oublié de faire quelque chose d'important.
- tu aurais pu m'aider ! : après avoir fini seul un travail difficile.

- tu aurais dû prévoir ! : à quelqu'un qui se plaint des conséquences malheureuses d'un acte.
- tu aurais dû prendre les choses en main ! : à quelqu'un mécontent des résultats d'une décision prise par une autre personne.
- tu aurais dû faire un effort ! : un père à son fils qui n'a pas assez travaillé.

- tu n'aurais pas dû te laisser faire ! : une mère à sa fille qui se plaint de l'autorité excessive de son mari.
- tu n'aurais pas dû te montrer agressif ! : à un proche qui se plaint de la réponse impolie que vient de lui faire un vendeur.
- tu n'aurais pas dû dire la vérité ! : à quelqu'un qui vient de dire une vérité qui a fait plus de mal que de bien.

- tu aurais mieux fait de te taire ! : à quelqu'un qui a révélé un secret et qui aurait dû le garder.
- tu aurais mieux fait de me prévenir ! : à quelqu'un qui n'a pas réussi à faire à temps ce qu'il avait promis de faire.
- tu aurais mieux fait de me demander mon avis ! : à quelqu'un qui a pris seul une mauvaise décision et qui le regrette.

7

a) 1. Auriez-vous ? – **2.** Sauriez-vous – **3.** Pourriez-vous – **4.** Accepteriez-vous – **5.** Seriez-vous – **6.** Auriez-vous – **7.** Seriez-vous.
La deuxième forme supprime l'inversion : Est-ce que vous auriez…

b) *Exercice de créativité*
Exemple : Est-ce que cela vous ennuierait de vous décaler/pousser d'une place ? (au cinéma)

c) *Exercice de créativité*

8
a) et **b)** *Exercices de créativité*

Formes de politesse

9
a) et **b)** *Exercices de créativité*

10
b) 1. Il faudrait que vous achetiez des surgelés. Vous pourriez cuisiner du poisson… – **2.** Il serait nécessaire que vous preniez un peu de repos. À votre place, je dédramatiserais… – **3.** Vous devriez voir un conseiller d'information. Vous pourriez ouvrir un commerce… – **4.** Moi, je raconterais que je suis malade. Si j'étais vous, je lui dirais que je ne veux plus le voir… – **5.** Il faudrait lui dire combien vous aimez son fils. Vous devriez lui faire des compliments… – **6.** Il serait nécessaire de supprimer les gâteaux. Vous devriez faire du sport, etc.

c) *Exercice de créativité*

Nouvelles non confirmées

11
a)
1. le vrai tueur serait ; Neandertal n'aurait pas su
2. le karaoké permettrait ; il faciliterait ; il satisferait
3. il y aurait de l'eau
4. il n'y aurait aucun ; une défaillance technique aurait causé
5. celui-ci aurait fait
Tous les verbes au conditionnel expriment une action présente ou passée dont l'exactitude n'a pas encore été vérifiée.

b) *Exercice de créativité*

Le subjonctif

Conjugaison

1

a)

	Présent	Imparfait	Subjonctif
1	viennent-ils		
2			qu'elle vienne
3			que tu partes
4	tu pars		
5	ils boivent		
6			qu'ils boivent
7			que j'aie fini (*passé*)
8	finissent		
9			que nous prenions
10			que tu connaisses
11		nous prenions	
12		connaissiez-vous	
13			que vous fassiez
14	ils vont		
15		vous faisiez	
16			qu'elles aillent
17			que vous soyez
18		vous étiez	
19			que vous ayez eu (*subj. passé*)
20		aviez-vous	
21			qu'elle soit partie (*subj. passé*)
22			qu'elle mente
23		Aviez-vous déjà entendu (*plus-que-parfait*)	

b) *Expressions qui déterminent l'emploi du subjonctif*:
2. Il faut que – **3.** Elle doute que – **6.** Il faudrait que – **7.** Il exige que – **9.** Il est impossible que – **10.** Je ne pense pas que – **13.** Il est douteux que – **16.** …ne veut pas que – **17.** Il est indispensable que – **19.** Je regrette que – **21.** Il semble que – **22.** Je trouve improbable que.

2

1. Il est temps **qu'il apprenne** à se servir de cet appareil. – **2.** Je suis étonné **qu'elle craigne** autant la chaleur. – **3.** Il a recommandé **que nous n'ouvrions** pas les portes avant 8 heures. – **4.** Rien n'est moins sûr **qu'il reçoive** un avis favorable. – **5.** Je désire **que tu te mettes** au travail. – **6.** Le docteur a exigé **qu'elle voie** un autre spécialiste. – **7.** Cela me surprend que **vous ne connaissiez pas** encore votre voisine – **8.** Il déplore que ses étudiants **se servent** si peu de leur dictionnaire – **9.** Je crains **qu'il n'attende** encore longtemps. – **10.** Je suis enchantée **que ce bijou vous plaise** – **11.** Pourquoi interdit-il **qu'on écrive** au crayon ? – **12.** Il vaudrait mieux **que votre femme s'asseye** ; elle a l'air fatiguée.

3

1. Êtes-vous certaine **qu'elle puisse** venir ? – **2.** Malheureusement, je crains **qu'il ne fasse** pas beau. – **3.** Il est possible **que Sophie soit** au courant. – **4.** Crois-tu **qu'elle ait** entièrement raison ? – **5.** Les agriculteurs aimeraient bien **qu'il pleuve** un peu plus. – **6.** Il est douteux **qu'elles sachent** la vérité. – **7.** Elle voudrait **que son mari aille** consulter une voyante. – **8.** Il est peu probable **qu'il veuille** lui rendre ce service. – **9.** Je ne suis pas sûr **qu'il faille** être aussi intransigeant. – **10.** J'ai peur **que vous ne vouliez pas** me prêter votre voiture.

Subjonctif présent - Subjonctif passé
Infinitif présent - Infinitif passé

4

Quelques propositions de correction
- Il faudra que nous **ayons fait** le ménage et rangé la maison, que nous **ayons fait** les lits, etc.
- Il faudra que Maman **ait acheté** et que nous **ayons installé** le décor de Noël, que Victor et Sophie aient décoré, que Sophie **ait mis** en place la crèche la crèche, que Papa **ait suspendu** les guirlandes, que Grand-mère **ait mis** des bougies partout.
- Il faudra que Maman **ait sorti** la belle vaisselle, que nous **ayons mis** le couvert, etc.
- Il faudra que Maman **ait commandé** la dinde qu'elle **ait cuisiné** le foie gras à l'avance, etc.
- Il faudra que les parents **aient choisi**, acheté, emballé les cadeaux.
- Il faudra que nous nous **soyons faits** beaux, que nous nous **soyons lavées et parfumés**, etc.

5

1. Il est vital que vous **ayez lu** tous les livres nécessaires… – **2.** Je veux que vous **ayez sélectionné** les informations indispensables… – **3.** J'exige que vous **ayez terminé** le plan… – **4.** Il est indispensable que vous **ayez rédigé** la première version… **5.** Il est préférable que vous **m'ayez montré** votre texte…. – **6.** Il est important que vous **ayez fait** les corrections… – **7.** Il est essentiel que vous **m'ayez donné** votre texte… – **8.** Il faudra que **nous nous soyons rencontrés**… – **9.** Il vaut mieux que **vous ayez terminé** votre exposé… – **10.** Il est nécessaire que **vous l'ayez répété** plusieurs fois…

6

1. Je souhaiterais qu'elle **aille** à sa rencontre. – **2.** Je regrette qu'elle **n'ait pas encore fini** son travail. – **3.** Pierre doute que ses parents **soient déjà rentrés** – **4.** Vous n'avez pas encore été remboursés ? C'est scandaleux qu'on **mette** si longtemps à le faire – **5.** Faut-il que nous **prenions** le bus ou le métro ? – **6.** Il exige que vous **ayez terminé** avant 17 heures. – **7.** Je ne pense pas que Marianne **soit déjà partie**. Tu peux lui téléphoner. – **8.** Il est dommage qu'on **n'ait pas peint** avant de poser la moquette. – **9.** « Voilà ma nouvelle voiture ! » - Elle est belle, je suis content que vous **ayez pu** en changer. – **10.** Les vacances approchent, il est indispensable que vous **preniez** vos réservations. – **11.** Ses parents sont désolés qu'elle **ait échoué** à son examen.

L'expression de la permission, de la prescription, de l'ordre, de l'interdiction

7

1. J'exige que **tu te laves** les dents. – **2.** Je te défends **de frapper** ta sœur. – **3.** Je veux que **tu embrasses** ta tante. – **4.** Je t'interdis **d'être grossier**. – **5.** Je t'autorise à **regarder** la télé-

vision. – **6.** J'accepte que **tu dormes** chez ta copine. – **7.** Je refuse que tu **rentres** après 19 heures. – **8.** Je te permets **d'emprunter** mon écharpe. – **9.** Je veux bien que tu **amènes** ton copain pour goûter. – **10.** Je m'oppose à ce que tu **invites** toute la classe.

8 🌳 *Propositions*
Valeur générale → infinitif
Il vaut mieux consulter votre médecin. – Il est indispensable de bien préparer l'itinéraire. – Il est indispensable d'évaluer correctement les difficultés. – Il est important de prévoir des itinéraires de repli. – Il est prudent d'avertir de l'heure de votre retour. – Il vaudrait mieux s'équiper avec du bon matériel. Etc.
Conseils spécifiques → subjonctif
Il est nécessaire que vous dosiez vos efforts. – Il faut que vous consultiez régulièrement la carte. – Il est recommandé que vous teniez compte du balisage. – Il est souhaitable que vous emportiez des aliments énergétiques. – Il est préférable que vous fassiez demi-tour en cas de difficultés imprévues. Etc.

9 🌳🌳 *Exercice de créativité*

10 🌳🌳 *Exercice de créativité*

Expression du souhait

11 🌳
- Si **vous** aviez le choix préféreriez-**vous** travailler ? → *Le sujet est le même dans les deux parties de la phrase. Il faut employer l'infinitif.*
- Si **vous** aviez le choix préféreriez-vous que votre femme **travaille** ? → *Le sujet est différent dans les deux parties de la phrase. Il faut employer le subjonctif.*

12 🌳
a)

Bastien	Livia
- J'aimerais que l'ambiance **soit** calme	- Je préfèrerais qu'il y **ait**…
- Je voudrais bien qu'on **passe** des soirées…	- J'ai envie que nous **allions** danser…
- Ça me plairait qu'on **puisse** tout faire…	- Ca me plairait que nous **prenions**…
- J'aimerais bien que le climat **soit**… et qu'on n'**ait** pas…	- Je désire qu'il **fasse** chaud…
- J'apprécierais que nous **campions**…, qu'on **entende**… que ça **sente**…	- Je rêve que tu **veuilles** bien…
- Ça serait bien que nous ne **dépensions** pas trop	- Je voudrais que l'hôtel **vaille** très cher et que le service **y soit** parfait.

b)

Bastien	Livia
- J'apprécierais que nous nous **baignions** dans une petite crique.	- Je préfèrerais qu'on se **baigne** sur une plage privée.
- Je voudrais bien qu'on **évite** les coups de soleil.	- Je rêve qu'on **bronze,** bronze, bronze !
- Ça serait bien qu'on **fuie** la foule.	- Ah non ! je voudrais qu'on **aille** là où tout se passe.
- J'aimerais bien que nous nous **habillions** simplement.	- Moi, j'ai envie que nous **frimions** sur le port.
- Ça me plairait qu'on **lise** de bons livres.	- Et moi ça me plairait que nous nous **éclations** en discothèque.

13

b) 1. Nous **souhaitons** que les enfants **fassent** de bonnes études et **trouvent** un bon emploi. – **2.** Les étudiants **désirent** que l'examen **soit** facile et ils **espèrent** que les professeurs **mettront** une bonne note. – **3.** L'auteur **a envie que** son livre **plaise** et il **espère** qu'il se **vendra** bien. – **4.** Les enfants **souhaitent** que le père Noël **soit** généreux et ils **espèrent** qu'il **apportera** beaucoup de cadeaux. – **5.** Les agriculteurs **désirent** qu'il **pleuve,** mais ils **espèrent** qu'il n'y **aura** pas d'inondations.

14

1. J'attends que l'école **inculque** la discipline. – **2.** J'attends qu'elle **informe** les élèves sur leur avenir. – **3.** J'attends qu'elle **serve** d'intégrateur social – **4.** J'attends qu'elle **soit** égalitaire. – **5.** Je désire qu'elle **apprenne** à vivre ensemble. – **6.** Je trouve souhaitable qu'elle **rende** les enfants curieux. – **7.** Je voudrais qu'elle **sache** enseigner à tous. – **8.** J'espère qu'elle **pourra** compenser les clivages sociaux. – **9.** Je trouve préférable qu'elle **permette** le brassage social. – **10.** J'espère qu'elle **favorisera** l'apprentissage d'un métier. – **11.** Je souhaite qu'elle **développe** l'esprit critique. – **12.** J'attends qu'elle **soit** laïque et qu'elle **garantisse** un même enseignement à tous.

15 *Propositions*

Nous cherchons un appartement qui ne **soit** pas trop cher/qui ne **coûte** pas plus de 150 000 £. – Nous aimerions un appartement que les enfants **trouvent** agréable. – Nous voudrions un appartement où chacun **puisse** avoir sa chambre. – Auriez-vous un appartement près duquel il y **ait** une piscine ? – Existerait-il un appartement dans lequel la cuisine **soit** déjà installée ? – Connaîtriez-vous un appartement dont les fenêtres **donnent** sur un parc ? – Pourrions-nous trouver une maison dont la surface du séjour ne **soit** pas inférieure à 40 m^2 ? – Y aurait-il un appartement à côté duquel il y **ait** une école et un collège ? Etc.

16 *Propositions*

a)

Je suis un pauvre petit garçon, j'ai des parents - qui ne **sont** jamais à la maison - que je ne **trouve** pas gentils - avec qui je ne **fais** jamais rien - dont la voiture **est** un vieux tacot - près de qui je ne me **sens** pas bien	Ah ! ce que je voudrais avoir des parents - qui **soient** souvent avec moi - que je **puisse** trouver gentils - avec qui je **fasse** beaucoup de choses - dont la voiture **soit** un superbe cabriolet - près de qui je me **sente** vraiment bien
J'habite un appartement affreux, c'est un appartement - qui n'**est** pas confortable - que je **déteste** - dans lequel il **fait** froid - dont les chambres **sont** trop petites - à côté duquel **il y a** une discothèque très bruyante	Je voudrais trouver une maison - qui **soit** très moderne - que je **puisse** trouver agréable, dont le jardin **soit** planté de grands arbres - dont la surface **soit** supérieure à 150 m^2 à côté de laquelle il y **ait** un joli lac
Mes voisins sont effrayants, ce sont des gens - qui **font** beaucoup de bruit - que nous ne **trouvons** pas sympas - dont les enfants **sont** insupportables avec qui je n'**ai** aucune affinité	Ah ! Si je pouvais avoir des voisins - qui **fassent** peu de bruit - que nous **aimions** bien - dont les enfants **soient** adorables - avec qui nous nous **entendions** bien

b)

1. Mon rêve existe, je l'ai rencontré	2. Mon rêve n'existe que dans ma tête
L'ÎLE DE MES RÊVES	
Je souhaite acheter la jolie petite île « Lola » – qui **est** dans les Caraïbes – où on **fait** du cheval sous les palmiers – sur laquelle **viennent** les oiseaux migrateurs – que peu de gens **connaissent** – dans laquelle **court** une rivière – à laquelle une belle Espagnole **a donné** son nom – que j'**ai visité** cet été – dont le catalogue ne **dit** rien	Je souhaite acheter une île – qui **soit** dans une mer chaude – où il n'y **ait** pas de serpents – sur laquelle **poussent** des orchidées – que personne ne **connaisse** – dans laquelle **courent** une ou deux rivières – à laquelle je **puisse** donner le nom que je veux – etc.

17

1. que nous y allons. – **2.** que j'aie jamais mangé. – **3.** qu'il ait éprouvé. – **4** que Mozart ait composé. – **5.** que vous pouvez visiter. – **6.** que nous ayons visité. – **7.** qui a obtenu. – **8.** où il lui a fait. – **9.** que vous trouvez. – **10.** dont elle se souvienne.

L'expression des sentiments

18

1. J'adore qu'on me **fasse** des compliments. – **2.** Il aime qu'on lui **fasse** des cadeaux. – **3.** Ça m'exaspère que tu **boudes**. – **4.** J'ai horreur que tu me **prennes** pour un imbécile. – **5.** J'ai envie que tu **viennes** près de moi. – **6.** On aimerait mieux que tu ne nous **accompagnes** pas… – **7.** Je préfère que tu me **dises** la vérité. – **8.** Il apprécie beaucoup qu'on **soit** gentil avec lui. – **9.** Je n'aime pas beaucoup que tu **restes** au lit toute la journée. – **10.** Ça m'arrangerait que tu ne t'en **ailles** pas.

19

1. Maman était consternée que Papa **prenne** une place de parking. – **2.** Mes parents étaient horrifiés que ce type **crache** devant la porte… – **3.** Ma tante était embarrassée que nous **disions** des gros mots. – **4.** Ça l'a vexée que vous lui **disiez** qu'elle avait mauvaise mine. – **5.** Ça l'a écœurée qu'ils **veuillent** payer leur part et pas un centime de plus. – **6.** Ils étaient vraiment mal à l'aise que nous **baillions** pendant tout le concert. – **7.** Elle s'est sentie humiliée qu'il lui **dise** de faire un petit régime. – **8.** Ça a beaucoup gêné ma mère que vous lui **demandiez** son âge. – **9.** Je me suis sentie insultée que mon cavalier ne me **raccompagne** pas…

20

1. Je suis ravie qu'on **fasse** les courses à ma place. – **2.** J'adore les **taquiner**. – **3.** Je regrette infiniment **d'être** en retard. – **4.** Il craint qu'il **fasse** trop froid dehors. – **5.** Elle aime mieux **être placée** devant. – **6.** Elle ne peut pas supporter qu'il ne **sache** rien faire de ses dix doigts. – **7.** Je suis surpris que tu me **dises** ça seulement maintenant. – **8.** Ça m'exaspère qu'il **veuille** toujours commander. – **9.** J'en ai vraiment assez qu'il **pleuve** encore. – **10.** Je suis désolée de **ne pas pouvoir** vous aider. – **11.** Ça me fait plaisir que vous **soyez** là. – **12.** Il est dommage qu'il **faille** partir.

21

1. Nous sommes très heureux que vous **ayez décidé** de vous marier. – **2.** Je suis furieuse que mon patron **m'ait refusé** une augmentation. – **3.** Nous sommes fiers que vous **ayez gagné** ce concours. – **4.** Je n'apprécie pas du tout que tu **m'aies raconté** des histoires. – **5.** Finalement, j'aime mieux qu'ils ne **soient pas venus**. – **6.** Il est furieux qu'elle lui **ait dit** ses quatre vérités. – **7.** Ça leur a fait très plaisir qu'on leur **ait fait** une visite surprise. – **8.** Ses parents étaient furieux qu'elle **soit encore arrivée** en retard. – **9.** Je suis exaspéré qu'on **ait encore égaré** mon dossier. – **10.** Je me réjouis que la mairie vous **ait accordé** une bourse.

22

1. Je suis désolée que mon mari **ait été** grossier. – **2.** Ils sont désespérés que leur fils **ait disparu**. – **3.** Il est fou de joie que sa femme **soit sortie** de l'hôpital. – **4.** Je suis surpris que les enfants **veuillent** venir avec nous. – **5.** Nous sommes honteux que la conversation **ait mal tourné**. – **6.** C'est dommage que Pierre ne **puisse** pas prendre de vacances cette année. – **7.** Nos parents sont satisfaits que nous **ayons réussi** notre bac. – **8.** Nous sommes extrêmement inquiets qu'ils ne nous **aient pas téléphoné** depuis 8 jours. – **9.** Ta mère est très fière que tu **aies réagi** comme il le fallait. – **10.** Il est fou de rage qu'elle lui **ait posé** un lapin. – **11.** Elle est vraiment déçue que nous ne lui **ayons pas fait** signe. – **12.** Le directeur est très fâché que les dossiers ne **soient** pas prêts.

23

1. Je suis désolée de ne pas **avoir réussi** ma mayonnaise. – **2.** Elle est très déçue de ne pas **avoir été sélectionnée**. – **3.** Ils sont fous de rage **d'avoir raté** cette affaire. – **4.** Elle est triste **d'avoir cassé** le vase de cristal. – **5.** Il est gêné **d'avoir oublié** son rendez-vous. – **6.** Tu as honte **d'avoir menti** à ta sœur. – **7.** Ils sont très satisfaits **d'avoir fini** leur livre à temps. – **8.** Il est très ennuyé **d'avoir perdu** son portefeuille. – **9.** Il est horriblement vexé de ne pas **avoir été invité** à cette soirée. – **10.** Je me réjouis **d'avoir pu** me libérer pour cette soirée.

24

1. Sa mère est angoissée qu'il **prenne** des risques. – **2.** Elle adore que son mari lui **fasse** des cadeaux. – **3.** Elle est dépitée **d'avoir obtenu** une mauvaise note. – **4.** J'aimerais mieux que vous **reveniez** la semaine prochaine. – **5.** Elle déplore que nous ne **changions** pas d'avis. – **6.** Je suis ravie que tu **aies réparé** la machine à laver. – **7.** Je n'en reviens pas **d'avoir gagné** le gros lot. – **8.** Je déteste que vous me **téléphoniez** en pleine nuit. – **9.** Ça m'étonnerait beaucoup qu'il **soit réélu**. – **10.** Nous sommes stupéfaits **de pouvoir** quand même obtenir un prêt.

25

1. Je suis heureux qu'il/elle **parte**. – **2.** Nous souhaitons qu'il/elle **soit** heureux (se). – **3.** J'ai peur qu'il **fasse** mauvais temps. – **4.** Nous regrettons que Pierre **ait échoué**. – **5.** Je suis surpris que le temps **soit** beau. – **6.** Il est fier que son fils **ait réussi**. – **7.** J'appréhende qu'il/elle **revienne**. – **8.** Elle craint que son patron ne **soit** de mauvaise humeur. – **9.** Il apprécie que le règlement **ait été** radicalement modifié. – **10.** Nous attendons avec impatience que notre appartement **soit vendu**.

26

a) 1. Je trouve détestable qu'il **ait agi** comme ça. – **2.** Je trouve gentil qu'il **ait pensé** à moi. – **3.** Je suis reconnaissant que vous **ayez répondu** à ma lettre. – **4.** Il trouve dégoûtant que nous **l'ayons laissé** tomber. – **5.** Vous trouvez injuste qu'ils **aient critiqué** Pierre. – **6.** Le patron trouve courageux que vous **ayez assumé** cette responsabilité.

b) 1. Je vous trouve très courageux **d'avoir plongé** pour sauver cet enfant. – **2.** Je les trouve gentils **d'avoir pensé** à inviter ta mère. – **3.** Il les trouve détestable de **s'être moqués** de cette pauvre fille. – **4.** Je le trouve honnête **d'avoir reconnu** son erreur. – **5.** Je vous trouve peu scrupuleux **d'avoir trompé** notre client. – **6.** Je la trouve grossière **d'être partie** sans prévenir.

c) 1. Je trouve méprisable qu'il **ait cru** ces mensonges./Je le trouve méprisable **d'avoir cru** ces mensonges. – **2.** Tu trouves gentil **qu'il t'offre** des fleurs./Tu le trouves gentil **de t'offrir** des fleurs. – **3.** Nous trouvons sympathique **qu'elle tienne** souvent compagnie à sa grand-mère./Nous la trouvons sympathique **de tenir** souvent compagnie à sa grand-mère. – **4.** Vous trouvez idiot qu'ils se **soient mis** en colère./Vous les trouvez idiots de **s'être mis** en colère. – **5.** Je trouve insensé que **tu aies démissionné**./Je te trouve insensé **d'avoir démissionné.** – **6.** Leur père trouve impardonnable qu'ils **aient insulté** leur mère./Leur père les trouve impardonnables **d'avoir insulté** leur mère.

27 🌳🌳🌳 *Propositions*

Il trouve important que les Français **possèdent** la carte vitale et il approuve que la sécurité sociale **soit** pour tous. – Il estime satisfaisant que la séparation de l'Église et de l'État et la loi de 1905 **permettent/garantissent** la libre pratique des religions. – Il approuve que le service public **s'étende** aussi bien à l'éducation qu'à l'audio-visuel. – Il trouve rassurant qu'une partie de nos impôts **serve** à subventionner des productions et des réalisations les plus diverses. – Il juge plaisant que nous **fassions** la queue devant le Louvre ou le Centre Pompidou. – Il approuve que le peuple de France se **soulève** pour défendre la démocratie. – Il se réjouit que l'Assemblée nationale **ait voté** à l'unanimité des lois contre le racisme. – Il se réjouit que cette assemblée **ait aboli** la peine de mort. – Il juge remarquable qu'on **puisse** critiquer en toute liberté ce que font ou ne font pas le gouvernement, les syndicats ou les partis politiques. – Etc.

Expression de la pensée

28 🌳🌳

1. Croyez-vous qu'il **soit** sage… – **2.** Je suis persuadée qu'elle ne **voulait/veut**… – **3.** Est-ce qu'elle est certaine que ce train **a** des couchettes? – **4.** J'ai l'impression qu'il ne **dit** pas la vérité. – **5.** Elle ne trouvait pas que l'hôtel **soit** aussi confortable… – **6.** Il est peu probable qu'elle **puisse** revenir… – **7.** Je ne suis pas convaincu qu'il **veuille** vraiment nous aider. – **8.** Il est incontestable que cette loi ne **puisse** jamais… – **9.** Tu es sûre qu'elle **comprend** ce qu'on lui a dit? – **10.** J'imagine que vous **devez** le prévenir s'il y a un changement… – **11.** Trouvez-vous vraiment vraisemblable qu'elle **ait eu** tous les torts… – **12.** …il est peu plausible qu'il **revienne**…

29 🌳

1. Je pense qu'il le **fera**./Je ne pense pas qu'il le **fasse**. – **2.** Je considère qu'elle **est** trop jeune./Je ne trouve pas qu'elle **soit** trop jeune. – **3.** Le guide est sûr qu'il n'y **a** pas de danger/Le guide n'estime pas qu'il **y ait** du danger. – **4.** Son professeur affirme qu'il **est** très accrocheur./Son professeur ne doute pas qu'il **soit** très accrocheur. – **5.** Nous sommes convaincus qu'ils **resteront** ensemble./Nous ne croyons pas qu'ils **restent** ensemble.

30

1. Je suis convaincu qu'il **tiendra** sa promesse./Il est douteux qu'il **tienne** sa promesse. – **2.** Je suis persuadé qu'ils **vont** le faire./Je doute fortement qu'ils le **fassent**. – **3.** Il est probable qu'il **n'ont pas eu** d'accident/Il est possible qu'ils **aient eu** un accident. – **4.** Il est vraisemblable qu'ils ne **redeviendront** pas raisonnables/Il n'est pas sûr qu'ils **redeviennent** raisonnables. – **5.** Sois certain qu'elle **sera** d'accord/Il n'est pas évident qu'elle **soit** d'accord.

31

a)

Policier 1 – Martin affirme qu'il **n'est pas sorti** après 20 heures, mais le patron du bistrot dit qu'il **était au bar** jusqu'à 20 h 30 environ. Ne trouvez-vous pas suspect que Martin **ne sache plus** où il était à 20 h 30 ?

Policier 2 – Je ne sais pas… Il est exact qu'ils **n'ont pas dit** la même chose, mais cela ne prouve pas que Martin **ait menti**. Un samedi soir, après quelques bières, il est possible qu'il **ait fait erreur**, tout simplement.

Policier 1 – Ouais,… D'autre part, sa copine confirme qu'il **était à la maison** après 21 heures, mais je trouve curieux qu'elle **ait eu l'air troublé** pendant l'interrogatoire. Il se peut qu'elle **ne dise pas la vérité** pour le protéger.

Policier 2 – En effet, il n'est pas impossible qu'elle **cache** quelque chose, mais quoi ? Ils prétendent tous les deux qu'ils **regardaient** la télévision, mais je trouve peu plausible qu'ils **aient oublié** tous les deux le programme. !

Policier 1 – Tu vois… Je ne sais pas ce qui **se passe**, mais je suis persuadé que Martin **n'est pas** si net que ça !…

Policier 2 – Tu es persuadé, mais tu ne peux rien affirmer. Examinons les autres aspects avant de dire que c'est lui le coupable.

b) *Exercice de créativité*

32

a) et **b)** *Exercices de créativité*

33

a) *Propositions*

Il est inouï que la population augmente de 50 % d'ici à 2050, **il serait souhaitable de** limiter les naissances.

Il est scandaleux qu'un homme sur cinq souffre de malnutrition, **il est de la plus grande importance que** les productions alimentaires soient mieux distribuées.

Il est inacceptable que l'eau contaminée par la malaria tue chaque année cinq millions d'êtres humains, **il est vital de** réduire la consommation d'eau des pays développés et **nécessaire de** la recycler.

Il est révoltant que chaque année dix-sept millions de gens meurent de maladies infectieuses, **il faudrait que** les laboratoires baissent leurs prix ;

Il est inadmissible que près de deux tiers des analphabètes soient des femmes, **il est urgent que** les gouvernements essayent de trouver des solutions.

Il est désolant que 700 000 personnes aient péri dans des catastrophes naturelles, **il est indispensable d'**améliorer la prévention des catastrophes.

Il est démoralisant qu'un tiers des terres émergées dans le monde soit touché par la désertification, **il est impératif que** des forêts soient replantées.

- Etc.

b) et **c)** *Exercices de créativité*

Synthèse

34
1. êtes – 2. ait terminé – 3. se rende – 4. pourra – 5. fassiez – 6. demandiez – 7. ne retrouvera jamais – 8. sera élu – 9. avons pu – 10. auront lieu – 11. avait réagi *ou* réagissait – 12. ait pu *ou* puissent – 13. seront retirés – 14. l'aient tout fini – 15. plaise – 16. soit… fasse – 17. convienne – 18. ait – 19. soit confirmée – 20. saurai – 21. viennent – 22. prennent.

35 *Propositions*
1. pour que tout **se passe** bien/pour **avoir** du temps libre. – 2. afin qu'ils **se sentent** bien/afin de leur **faire** plaisir. – 3. à moins que j'**aie** un rendez-vous très important/à moins de **ne pas avoir** de voiture. – 4. de peur **qu'il gèle**/de peur **d'avoir** froid. – 5. en attendant que le médecin **ait fini** sa visite/**en attendant de** pouvoir le voir. – 6. que nous **venions** les voir/**de venir** avec les enfants. – 7. à condition que **tu sois** là/à condition de **pouvoir** te rencontrer. – 8. avant qu'elle **parte** en Angleterre/avant de lui **avouer** son amour. – 9. pour que ses parents **puissent** le laisser seul pendant une soirée/pour **rester** seul pendant une soirée. – 10. que nous **fassions** quelques heures supplémentaires/de **prendre** des précautions avec la nouvelle machine.

36
1. tu aies retrouvé – 2. elle t'en veuille – 3. j'aurai terminé – 4. répare. – 5. il a été obligé – 6. nous achetons… nous buvons – 7. sache – 8. nous vous entendions – 9. vous soyez… fassiez – 10. elle puisse – 11. il est – 12. il n'avait pas… il exigeait – 13. plaît… se conduit – 14. ne la reconnaisse – 15. nous n'avons pas pu – 16. réagissent.

37
1. J'ai lu tout le livre **en attendant que** mon mari **revienne**. – 2. Il est parti **avant que** nous **ayons pu** lui parler. – 3. Elle l'aime **tant qu'**elle **fait** n'importe quoi pour lui plaire. – 4. Nous irons faire du ski **à moins que** les routes **soient trop enneigées**. – 5. Ils sont partis plus tôt **sous prétexte qu'**ils **avaient** un rendez-vous. – 6. Sophie a fermé la porte de son bureau **pour que** ses collègues **ne la dérangent pas**. – 7. Vous ne pourrez jamais vous faire pardonner vos mensonges **quoi que** vous **fassiez**. – 8. Hier pendant le cours, le professeur avait mal à la gorge, il parlait très faiblement **si bien que n'avons pas compris** ce qu'il a dit au sujet des examens. – 9. Tu peux rester ici **pour peu que** tu **te conduises** positivement. – 10. Ce fournisseur a fait beaucoup d'efforts pour les livraisons **si bien que** ses clients **sont très satisfaits**.

38
1. Sophie est très contente d'avoir obtenu le poste après seulement deux entretiens. – 2. Les parents d'Axel sont très satisfaits que leur fils ait réussi le bac en juin dernier. – 3. Jonathan est désolé de ne pas avoir pu venir à ton mariage samedi dernier. – 4. Il est probable que les subventions demandées seront accordées. – 5. Le patron regrette de ne pas avoir compris le problème de sa secrétaire en avril dernier. – 6. Nadia est déçue que Hugo ne puisse pas venir le week-end prochain. – 7. Pourquoi est-il interdit de faire du ski sur cette piste ? – 8. Le ministre du Travail déclare que le salaire minimum ne sera pas augmenté cette année. – 9. Les salariés sont satisfaits que le patron leur permette de faire le stage. – 10. Maëlle a gagné/gagnera assez d'argent pendant ses vacances pour pouvoir partir aux Etats-Unis. – 11. Mes parents regrettent que leurs meilleurs amis soient partis habiter si loin. – 12. Il s'imagine peut-être que les clients accepteront sa proposition. – 13. Ils iront à Paris le mois prochain pour visiter le musée d'Orsay. – 14. Les parents interdisent souvent que leur fille sorte seule le soir. – 15. L'institutrice est très émue que ses

élèves lui aient offert un cadeau à la fin de l'année scolaire. – **16.** Julien étudie/a étudié le droit dans le but de devenir avocat. – **17.** Nous ne nous reverrons pas avant que vous ayez pris votre décision. – **18.** Sa mère ne veut pas qu'elle sorte avant d'avoir fini ses devoirs. – **19.** Agate travaille/a travaillé beaucoup pour gagner assez d'argent afin que ses enfants puissent faire de longues études – **20.** Nous avons organisé/organiserons/organisons une petite fête avant que notre collègue prenne sa retraite.

L'expression du temps

Corpus d'observation

1

Nord-Pas-de-Calais : d'ici à cinq ans ; dès la semaine prochaine ; pour l'été ; lors des.
Poitou-Charentes : âgé de ; depuis le XIXᵉ ; pendant cinq siècles ; sans attendre ; dans.
Basse-Normandie : hier ; en juillet dernier ; finalement ; après avoir.
Corse : courant 2013 ; en début d'année ; en 2003 ; dans les années qui viennent.
Picardie : avant de ; au cours du ; désormais.

Exercices

Expression de la date

1

a) Les éléments permettant d'organiser les événements dans le temps (compléments circonstanciels, prépositions et conjonctions de temps, marqueurs temporels, date) sont en caractères gras.

Une femme **vient d**'être nommée chef de réception d'un hôtel 4 étoiles luxe de Paris. Daphné Attour trente-quatre ans, a effectué toute sa carrière dans l'hôtellerie : elle **débute** au Trianon Palace, hôtel 3 étoiles de Paris, **après** un BTH passé à Bourges. Elle est **ensuite** nommée première attachée de direction féminine à l'hôtel Intercontinental où elle **passe deux ans** et demi **avant de** partir un an au Canada, à l'hôtel Bonaventure. **Enfin,** elle revient à Paris pour s'occuper de la « *main-courante* » au George V, et est présente à la réouverture du Scribe **en 1981. C'est en ce même endroit** qu'elle **vient d**'être promue, accédant ainsi à l'AICR, Amicale Internationale des sous-directeurs et chefs de réception des grands hôtels, en tant que premier membre féminin. Une ascension irrésistible… même pour un des derniers bastions masculins.

b) Proposition
Pierre Tronchet est né en 1950. Il a fait une licence de droit et a réussi le concours de la police en 1972. L'année suivante, il a été nommé inspecteur de police à Nevers. De 1976 à 1978, il a effectué un stage dans la police new-yorkaise et en 1978, il est devenu inspecteur de la police criminelle à Dreux. Un an après, à 29 ans, après un nouveau stage, il est devenu inspecteur principal à Lyon. C'est en 1985 qu'il a été promu chef de la police judiciaire au Quai des Orfèvres à Paris. Puis, de 1995 à 1997, il a poursuivi sa carrière comme conseiller au ministère de l'Intérieur. Enfin, en 2004, il a pris sa retraite après avoir été pendant quatre ans responsable de la police des polices.

2 *Exercice de créativité : propositions*
1. Hier 16 avril, à 14 heures une voiture a percuté une moto sur le campus devant le restaurant universitaire. – **2.** Du 8 mai au matin 9 heures, au 15 mai 17 heures le Conseil de l'Europe se réunira à Strasbourg. Les séances auront lieu de 9 heures à 12 heures et de 14 heures à 17 heures. – **3.** C'est demain, 25 mai, que se déroulera le procès du cambrioleur Pierre Jacquet. Ce dernier avait été arrêté le 8 novembre 1989 et maintenu en prison préventive du 10 novembre 1989 au 24 mai 1990. La peine prévisible pourrait être de trois mois de prison. – **4.** Le syndicat CGT de la SNCF a déposé un préavis de grève qui commencera le 20 juin pour une durée encore inconnue. – **5.** Les départs en vacances approchent. Nous

rappelons aux automobilistes que les jours d'encombrement maximum seront les 31 juin et 10 juillet, et les heures les plus chargées de 9 heures à 16 heures. Bison futé vous conseille donc d'éviter de rouler pendant ces heures-là. – **6.** Le syndicat intercommunal de l'agglomération grenobloise a annoncé la construction de la ligne 5 du tramway. Les travaux débuteront en juillet 2015 et se termineront approximativement quatre ans plus tard.

Expression de la durée

3

1. Il y a deux ans, les jupes, étaient bien plus courtes. – **2.** Ils ne vont plus sur la Côte d'Azur **depuis** bien longtemps. – **3.** Je l'ai rencontré **il y a** une dizaine d'années. – **4.** Il garde le lit **depuis** plusieurs jours. – **5.** Le facteur a apporté une lettre recommandée **il y a** une heure. – **6.** Elle ne sortait plus car, **depuis** plusieurs jours, il soufflait un vent glacial. – **7.** Quelle pluie! Quand je pense qu'**il y a** un mois nous étions sur la plage à nous faire bronzer. – **8.** On ne la voyait plus parce que, **depuis** trois semaines, elle était en cure à Luchon.

4

1. Depuis que le beau temps est revenu, les paysans passent leurs journées dans les champs. – **2. Depuis que le milliardaire a été enlevé**, la police est sur les dents. – **3. Depuis que Marielle avait fait une chute** à ski, elle marchait avec une canne. – **4. Depuis que les voisins étaient partis**, la vie lui semblait bien triste. – **5. Depuis qu'il a été nommé** au Conseil d'État, il est devenu d'un prétentieux! – **6. Depuis qu'elle s'est mariée**, Sylvie a complètement coupé les ponts avec ses amis. – **7. Depuis qu'il a été battu** aux élections, il est très morose. – **8. Depuis que le délai a expiré**, il n'a toujours pas réglé son loyer.

5

1. Voilà plus de onze ans **que** Pierre et Sophie sont mariés. – **2.** Gérard est médecin **depuis** six ans. – **3. Cela fait** plus d'un siècle **que** l'église est restaurée. – **4. Il y a** un an **qu'**ils vivent ensemble. – **5.** Elle n'est ici que **depuis** hier – **6.** La paix est signée **depuis** un peu plus d'un an. – **7. Cela fait** trois jours **qu'**il fait beau. – **8. Voilà** trois ou quatre siècles **que** les frontières sont fixées.

6 *Propositions*

1. Il y avait deux heures **que** les œufs de Simone étaient carbonisés et **qu'**une épaisse fumée emplissait la cuisine. **Cela faisait** deux heures **que** sa baignoire débordait **et que** l'eau coulait chez sa voisine qui sonnait à sa porte pour la prévenir. **Depuis** bien longtemps, le disque ne tournait plus; mais **voilà** deux heures **qu'**elle racontait sa vie au téléphone à son ami Yves… et **cela faisait** une heure **que** celui-ci dormait au bout du fil… – **2.** Il y avait six heures **que** Guy et Dominique travaillaient, **depuis** six heures ils lisaient et ils écrivaient; **voilà** six heures **qu'**ils prenaient des notes; **cela faisait** six heures **qu'**ils étaient penchés sur leur copies… – **3. Depuis** cinq ans la maison de Pierre Duval n'était plus habitée ni entretenue. **Il y avait** cinq ans **que** le toit avait des fuites **et qu'il** pleuvait dans le grenier. **Cela faisait** cinq ans **que** des hirondelles vivaient dans sa cuisine **et que** des souris mangeaient des matelas…

7

1. En 1999, cela faisait 40 ans que Boris et Sarah **s'étaient mariés**. – **2.** Nous avons décidé de **quitter la capitale** il y a de longues années et nous ne l'avons jamais regretté. – **3.** Le chat **n'était plus sorti dans le jardin** depuis qu'il s'était mis à neiger. – **4.** Il a eu cet accident début 2005 et, depuis, il **a beaucoup de mal à marcher**. – **5.** À Noël, cela fera cinq ans que le pays **a été libéré**… – **6.** Hacène regardait sa montre avec impatience, car cela faisait presque une heure qu'il **attendait sa copine**. – **7.** À la fin du mois cela fera dix ans que Maria **travaille** pour la famille Aichoun. – **8.** Voilà un certain temps que je **n'ai pas reçu** de nouvelles de ma sœur. – **9.** Voilà des jours qu'il **se plaint** du bruit.

8 *Propositions*

1. Il y a maintenant trois ans que Fabrice a rencontré une fille et qu'il m'a quittée, mais cela fait deux ans que Luc et moi avons découvert que nous nous aimions. Voilà trois mois que nous nous sommes mariés… – **2.** Il y a bientôt un an que Monsieur Trognon est tombé amoureux fou de la jeune fille au pair et qu'il a quitté le domicile conjugal. Cela fait six mois que Madame Trognon s'est remise d'une terrible dépression. Voilà trois mois qu'elle a décidé de se consoler : depuis deux mois elle a adopté deux charmants caniches et ses enfants ont trouvé cette solution très satisfaisante… – **3.** Il y a quinze jours qu'on a volé la Mercédès de Gabriel ; cela fait une semaine qu'il s'est acheté un vélo. Depuis une semaine, il a découvert les bienfaits du sport ; voilà trois jours qu'il a décidé de ne plus avoir de voiture et de rouler à bicyclette.

9 *Propositions*

1. Cela faisait déjà plusieurs heures que le soleil s'était levé. – **2. Il y avait une semaine que** Robert avait annoncé à sa femme qu'il voulait partir en Australie. – **3. Voilà trois ans qu'**elle avait arrêté de fumer étant donné son état de santé. – **4. Depuis** cinq mois on avait commencé les travaux de démolition de l'usine. – **5. Cela faisait deux mois qu'il** avait décidé de ne plus manger de viande. – **6. Voilà exactement dix ans qu'**il avait débarqué avec toute sa famille aux États-Unis. – **7. Il y avait à peine cinq minutes qu'**elle était arrivée chez elle que le téléphone sonnait. – **8. Depuis** bientôt cinq ans, il avait renoncé aux voyages à cause de l'état de sa femme.

10 *Exercice de créativité : propositions*

1. Cela fait deux ans que tu ne m'as pas offert de parfum./**Depuis trois ans** tu ne m'as pas acheté de fleurs./**Cela fait un an que** tu ne m'as pas emmenée au restaurant./**Voilà six mois que** nous ne sommes pas allés au cinéma. **Il y a deux ans que** nous n'avons pas vu une pièce de théâtre./… – **2. Voilà plus de quinze jours que** vous n'avez pas changé l'eau des fleurs et qu'elles se sont fanées./**Il y a six mois que** vous n'êtes pas arrivée à l'heure./**Depuis un mois** vous n'avez pas classé le courrier./**Cela fait quatre jours que** vous n'avez pas tapé les lettres que je vous ai dictées./**Depuis trois semaines** vous n'avez pas envoyé de réponses à deux de nos clients.

11

1. Depuis ton départ, il n'a pas cessé de pleuvoir. – **2.** Vous voudrez bien prendre contact avec notre représentant, **dès** réception de cette lettre. – **3. Depuis que** sa femme est partie il boit comme un trou. – **4. Dès qu'il** a eu vent de cette affaire, il a voulu en profiter. – **5. Dès** les premiers jours de son mariage, il se montra odieux envers elle. – **6. Depuis qu'**il était soigné, ses migraines disparaissaient. – **7.** Nous avons quitté Paris avec la pluie mais **dès** Lyon c'est la neige qui nous a gênés. – **8.** Il te fera signe **dès qu'il** aura reçu ton télégramme. – **9. Dès** son arrivée, il a couru retrouver ses copains. – **10. Depuis que** sa mère est partie, le bébé ne fait que pleurer. – **11.** Elle pourra sortir **dès qu'elle** aura terminé ce travail. – **12.** Cher ami, je vous écris **depuis** Tahiti ; je suis en vacances **depuis** quelques jours. – **13.** Nous partirons **dès** la fin de la course. – **14. Dès qu'il** avait fini de manger, il s'endormait.

12

1. Ils s'en vont **pour** un semestre au Canada. – **2.** Elle te téléphonera **pendant** la matinée. – **3.** Je vous envoie **pour** un mois en stage dans une entreprise allemande. – **4.** Retéléphonez la semaine prochaine, ils sont **pour** quelques jours à Paris. – **5.** Nous allons jouer aux cartes **pendant** la soirée ; voulez-vous vous joindre à nous ? – **6.** Il restait [**pendant**] des heures immobile à la fenêtre à contempler le ciel. – **7.** Il est nommé **pour** une durée indéterminée au Quai d'Orsay. – **8.** Chaque année elle partait [**pendant**] trois semaines au Club Méditerranée – **9.** Il a été gardien [**pendant**] plusieurs années dans cet immeuble. – **10.** Un incident technique s'est produit **pendant** l'atterrissage.

13

1. Je reviens **dans** cinq minutes. – **2.** Il a fait l'aller-retour **en** une heure. – **3.** Ce devoir doit se faire **en** temps limité. – **4.** Patiente un peu, j'aurai terminé **dans** quelques minutes. – **5.** Il avait réalisé ce film **en** un temps record. – **6.** Je n'aurai jamais cru qu'**en** si peu de temps il fasse tant de progrès. – **7.** Il a pris cette décision **en** trois secondes. – **8.** Il a bâclé son travail **en** un quart d'heure. – **9.** Autrefois, on allait à Paris **en** une journée ; maintenant, on y va **en** trois heures et demie ; **dans** quelques années on s'y rendra sans doute **en** moins de trois heures. – **10.** On commence à construire ici et, **dans** une décennie, cet endroit sera sans doute méconnaissable.

Expression de la simultanéité

14 *Propositions*

1. Quand on lui fait une critique, il se met en colère. – **2. Toutes les fois que** je prends l'avion, j'ai peur. – **3.** Elle s'est évanouie **au moment où** le dentiste lui a arraché une dent. – **4.** Elle a bu tout le whisky **pendant que** nous étions au cinéma. – **5.** La tempête s'est déclenchée **alors qu**'ils étaient en mer. – **6.** Il s'est enfui par derrière **tandis que** les policiers fouillaient l'entrée. – **7.** La chaleur augmentait **à mesure que** les voyageurs allaient vers le sud. – **8.** Il a perdu ses lunettes **en marchant** dans les dunes. – **9. Tant qu'il** reste là, je ne dis rien. – **10.** Il chante **en conduisant**. – **11.** Il refusera de parler **tant que** vous le traiterez en coupable. – **12.** Nous avons fait la sieste **pendant que** les enfants étaient chez nous.

15

1. Au moment où j'ai voulu payer à la caisse. – **2.** Simplement **à l'instant où** je démarre. – **3. Le jour où** la Banque de France a été cambriolée. – **4.** Elle est en effet arrivée **à la seconde** précise **où** son fiancé embrassait Françoise. – **5. Au moment où** je m'apprêtais à ouvrir la porte d'entrée. – **6.** Oui, car je suis passé **à la seconde où** le feu devenait orange. – **7.** Vous ne donnerez l'argent **le jour où** nous aurons fixé un rendez-vous avec le vendeur. – **8.** C'est vrai que j'ai tiré **à la seconde où** j'ai cru qu'il allait me tuer.

16 *Exercice de créativité*

17 *Propositions*

1. Elle a été mordue par un chien devant une ferme **alors qu**'elle se promenait dans la campagne. – **2.** Elle a fait sa connaissance **alors qu**'elle était jeune fille au pair en Suède. – **3. Alors que** je fermais le portail, j'ai remarqué de la lumière dans le bureau, ce qui était inhabituel. – **4. Comme** nous admirions les étoiles, qui étaient particulièrement brillantes cette soirée du mois d'août, nous avons vu passer au-dessus de nous quelque chose qui ne pouvait être qu'un OVNI. – **5. Tandis que** mes amis descendaient par l'escalier, j'ai voulu savoir pourquoi l'ascenseur était bloqué et j'y ai découvert une vache. – **6. Comme** j'entrais dans la cuisine, j'ai vu ma femme disparaître par la fenêtre à cheval sur un balai. – **7.** Il a fait naufrage **alors qu'il** tentait la traversée de la Manche sur un petit voilier. – **8.** Il a reçu une balle dans l'œil **alors qu'il** jouait au tennis.

Expression de l'antériorité

18

a) Aurore a quitté Victor : **1.** avant l'été – **2.** avant qu'il la quitte – **3.** avant de s'ennuyer – **4.** avant de le détester – **5.** avant qu'il devienne autoritaire.

b) Aurore a quitté Victor : **1.** après qu'ils ont voyagé ensemble – **2.** après avoir rencontré Antonio/après sa rencontre avec Antonio – **3.** après que Victor l'a trompée – **4.** après sa rencontre avec la famille de Victor – **5.** après avoir compris que Victor ne changerait pas – **6.** après avoir appris que Victor a eu des problèmes avec la police.

c) *Exercice de créativité*

19

1. Je vous téléphonerai **avant que** vous (ne) partiez. – **2. Avant que** les impôts augmentent, le Premier ministre ministre a convoqué le Conseil. – **3. Avant de** démarrer, vous devez tirer le starter. – **4.** Il avait rassemblé toutes ses troupes **avant d'**envahir les Pays-Bas. – **5. Avant que** le prisonnier ne s'évade, son complice lui avait fait parvenir des armes. – **6. Avant que** l'avion atterrisse, les passagers bouclent leur ceinture. – **7.** Personne ne le soupçonnait **avant qu'**il avoue – **8.** Il faut demander un permis **avant de** construire une maison. – **9.** Le patron a pris soin de régler toutes les formalités **avant de** partir.

Antériorité, simultanéité, postériorité

20

1. Aussitôt que le film a commencé, les gens se sont tus. – **2. À peine** Sophie sera-t-elle arrivée **qu'**il cessera de bouder. – **3. Dès que** le soleil brille, elle s'installe dehors pour bronzer. – **4. À peine** avait-il trouvé des informations intéressantes **qu'**il les communiquait à ses collègues. – **5. Aussitôt que** Pierre parle politique, c'est la dispute dans la maison. – **6.** Il a remonté la roue **dès que** le garagiste a réparé le pneu – **7. À peine** avait-il fini ses corrections **qu'**il partait se promener. – **8.** Il semait le blé **dès qu'**il avait labouré et fumé la terre.

21 *Propositions*

1. Après être sortis de prison, les gangsters ont fait un hold-up./Les gangsters étaient **à peine** sortis… – **2. Dès que** je serai à Paris, je te téléphonerai. – **3.** Nous maintiendrons notre action **jusqu'au moment où** le gouvernement prendra une décision. – **4. Avant d'**entrer à l'université, il était pompiste. – **5. Une fois qu'**elles auront fini leurs études, elles chercheront du travail. – **6. Dès que** le directeur sera revenu de voyage, nous vous fixerons un rendez-vous. – **7. Après avoir tapissé** la chambre, Paul a posé la moquette. – **8. Aussitôt que** Sabine a fini son régime, je lui ai acheté un joli maillot de bain. – **9. À peine l'alarme s'est-elle** déclenchée **que** la police est arrivée. – **10.** Les clients doivent payer la note **dès qu'**ils ont fait leurs achats.

22 *Exercice de relative créativité : propositions*

1. L'avion a décollé **dès qu'il en a reçu l'autorisation**. – **2.** Je te raconterai tout **quand nous nous reverrons**. – **3.** Il a fait du sport **pendant que sa femme apprenait la couture**. – **4.** Il écrivait une thèse **en attendant qu'un poste de sa spécialité soit créé**. – **5.** Nous ne passerons pas à table **tant que les enfants ne se seront pas lavé les mains**. – **6.** Il n'a pas dit un seul mot **lorsque sa femme a fait ces déclarations stupides**. – **7.** Il ne vous donnera pas d'autorisation de sortie **maintenant que vous vous êtes conduit de cette façon**. – **8.** Il avait décidé de partir au Togo **quand la guerre a éclaté**. – **9.** Il faudra que vous suiviez un régime sévère **jusqu'à ce que vous ayez perdu quinze kilos**. – **10.** Elle s'était maquillée soigneusement **après avoir pris un bain**.

23. Propositions

1. Nous prendrons patience **en attendant que** le magasin ouvre. – **2.** Je lirai un peu **jusqu'à ce que** tu sois prête. – **3. Une fois que** tu auras fini nous pourrons partir. – **4.** Il a changé d'avis **après avoir étudié** le dossier. – **5.** Il a dit n'importe quoi **avant de savoir** quel était le problème. – **6.** Nous devrions tout ranger **avant que** les invités arrivent. – **7.** Un peu de courage ! Tu sais bien que nous devons travailler **jusqu'à** six heures. – **8.** Il serait plus prudent de partir **avant** la nuit. – **9.** J'ai compris ce qu'il voulait vraiment seulement **au moment où** Marie m'a expliqué sa pensée. – **10.** J'ai horreur de sortir du lit tôt, surtout l'hiver **avant** le lever du soleil. – **11.** Ils sont sortis de la pièce **après que / dès que** nous sommes arrivés. – **12. Aussitôt que** la voiture sera réparée, nous filerons dans le midi. – **13. À peine arrivés** à la maison, ils se sont précipités pour piller le frigo. – **14.** La jeune fille gardera le bébé **jusqu'à ce que** les parents reviennent du cinéma. – **15.** Je te le répéterai **aussi longtemps que** tu n'auras pas pris la décision d'arrêter de fumer.

Synthèse

24. Exercice de créativité

25. Propositions

1. Le garagiste réparait les freins… **en même temps que/pendant que/tandis que** son ouvrier changeait une ampoule… – **2.** Le mari de Léa avait demandé une année de congé… **avant qu'ils** partent en Inde/**avant de** partir en Inde/**avant** leur départ en Inde. – **3. Dès qu'il/aussitôt qu'il/le jour où** il a aperçu sa femme dans les bras d'un autre il a demandé le divorce. – **4. Après avoir loué** une voiture tu pourras partir visiter…/Tu pourras partir visiter la région **dès que/après que** tu auras loué une voiture. – **5. Dès qu'elle/aussitôt qu'**elle a pris un somnifère elle s'est endormie/**Après avoir pris** un somnifère, elle s'est endormie très vite./Elle a pris un somnifère et elle s'est endormie **tout de suite après.** – **6. Dès que/chaque fois que** je lui faisais une remarque, elle se mettait en colère. – **7.** Ils sont arrivés à la gare juste **au moment où/à l'instant où/juste quand** le train partait/juste au moment du départ du train. – **8.** La villa des Dugrand a brûlé **pendant qu'**ils étaient en voyage au Brésil./Les Dugrand étaient en voyage au Brésil et **pendant ce temps-là** leur maison a brûlé/et leur maison a brûlé **pendant** leur absence. – **9.** Il n'a pas plu **depuis qu'elle** a déménagé à Nice/**depuis** son déménagement à Nice. – **10.** Le feu a pris dans les combles… **juste au moment où** le ténor commençait son grand air./Le feu a pris **dès le commencement** du grand air du ténor. – **11.** Le mari de Sonia fait des mots croisés **en attendant q**u'elle rentre du marché/**en attendant** son retour du marché. – **12.** Une voiture l'a renversé **(juste) au moment où/à l'instant où** il s'est retourné… – **13.** Tous les spectateurs se lèvent et quittent la salle **dès que/aussitôt que** le film se termine/**dès la fin du film/sitôt** le film terminé. – **14.** Bonne nouvelle pour les fonctionnaires, leur salaire va augmenter **à partir du/dès** le premier janvier. – **15. Depuis qu'il** mange moins, il a beaucoup maigri. – **16. Dès** la rupture des relations diplomatiques de la Syldavie avec le R… le gouvernement a demandé à… de quitter le pays. **Dès que/aussitôt que** les relations diplomatiques ont été rompues… / – **17.** Carole n'a plus pu faire de ski **après/depuis** sa chute dans l'escalier/**depuis qu'**elle est tombée dans… – **18. Cela faisait dix ans q**u'ils vivaient ensemble, ils ont décidé de se marier./Ils ont décidé de se marier **après dix ans de vie commune.** – **19. Avant que** Aude et Alain partent/**avant** le départ de Aude et Alain au Canada, leurs amis avaient préparé une fête… – **20. Pendant que/en même temps que/tandis que** les charpentiers travaillaient… les maçons montaient un mur…

Le discours rapporté

19

Ordre des mots et ponctuation

1
1. Pierre demande à son frère si les voisins sont rentrés. – **2.** Paul dit qu'il fait très froid. – **3.** Le passant demande quelle heure il est. – **4.** Le policier ordonne aux manifestants de se disperser. – **5.** Elle demande pourquoi ce bébé pleure tant. – **6.** Il ordonne aux élèves de se taire. – **7.** Il voudrait savoir combien le client a payé la réparation de la voiture. – **8.** Madame Rouvel demande qui a cassé la sonnette. – **9.** Le pompier demande au public d'évacuer la salle. – **10.** Il veut savoir ce que les enfants mangent à quatre heures. – **11.** Elle se demande ce qui a bien pu faire ce bruit.

Changement de pronoms et d'adjectifs

2
1. Ils nous disent que nous devons partir. – **2.** Elle me dit que je lui mens. – **3.** Pierre me promet que son patron essaiera de faire quelque chose pour ma fille. – **4.** Ils nous font savoir que leur voiture est tombée en panne à quelques kilomètres de chez nous. – **5.** Le ministre déclare qu'ils régleront ce problème quand ils auront étudié les dossiers. – **6.** Elle leur affirme qu'ils réussiront certainement. – **7.** Vous nous dites que vous ne pourrez pas venir nous aider. – **8.** Ma mère me répète tout le temps qu'il ne faut pas que je sorte seule le soir. – **9.** Les étudiants déclarent au maire qu'ils feront leur manifestation même s'il l'interdit. – **10.** Pierre me dit qu'il n'est pas d'accord avec moi.

3
1. Le fils à Sylvie : « **Mon** père **me** demande si **je** pourrais mettre **ses** lettres à la poste. »
2. André à René : « Nicolas **me** dit qu'**il** a rencontré **mes** parents chez **son** oncle. »
René à Paul : « André **me** dit que Nicolas a rencontré **ses** parents chez **son** oncle/l'oncle de Nicolas. »
3. Madame T. à sa voisine : « Je dis à **ma** fille qu'elle **me** rapporte une laitue et une douzaine d'œufs si **elle** va au marché./**Je** dis à **ma** fille de **me** rapporter une laitue et une douzaine d'œufs, si **elle** va au marché.
La fille à une amie : « **Ma** mère **me** demande de **lui** rapporter une laitue et une douzaine d'œufs, si **je** vais au marché »
4. Marc à son père : « Bernard **me** demande si **je me** souviens du jour où **il** m'avait enfermé dans la cave. »
Bernard à Hélène : « Je demande à Marc **s'il se** souvient du jour où **je l'avais** enfermé dans la cave.
5. Robert à Anne : « Raphaël **me** dit qu'**il** a oublié de **te** souhaiter **ton** anniversaire et qu'il ne sait pas comment **se** faire pardonner. »
Anne à sa mère : « Raphaël dit à Robert qu'**il** a oublié de **me** souhaiter **mon** anniversaire et qu'**il** ne sait comment **se** faire pardonner. »
6. Un parisien à sa femme : « Le journaliste annonce que tous les trains sont en grève et **il nous** recommande d'éviter de prendre **notre** voiture. »
Un belge à un collègue : « Le journaliste français annonce que tous les trains sont en grève et **il** recommande aux Parisiens d'éviter de prendre **leur** voiture. »

4
a) Madame Legrand vous dit d'aller chercher les enfants à l'école. Vous leur expliquerez qu'elle doit partir quelques jours avec leur père pour leur travail. Elle vous laisse/a laissé sa voiture pour que vous perdiez moins de temps. Elle vous a donné ses clés et vous a

demandé si vous aviez bien votre permis de conduire. Il faut que vous rappeliez à Océane qu'elle doit prendre ses médicaments parce qu'elle a tendance à les oublier. Charles doit penser à rapporter son survêtement. Enfin s'il y a un message pour elle ou son mari, vous devez dire qu'on la rappelle dans quelques jours.
b) Votre mère me charge de vous dire qu'elle devait partir quelques jours avec votre père pour leur travail. Océane, elle me demande de te rappeler de prendre tes médicaments parce que tu as tendance à les oublier et à toi, Charles de penser à rapporter ton survêtement.

Concordance des temps

5

1. **Vous avez dit qu'il passait** vous voir tous les soirs? – 2. **Vous saviez qu'il était parti** en voyage et **qu'il ne reviendrait** pas avant huit jours? – 3. **Ils disaient que les soldats étaient arrivés** en camion et **qu'ils seraient bientôt repartis**. – 4. **Il a prétendu qu'il avait** tout de suite compris la vérité. – 5. **On a raconté que tu vendrais** la ferme quand ton père serait mort. – 6. **Je t'ai affirmé qu'elle t'aimait et qu'elle viendrait** à ton rendez-vous. – 7. Elle a **dit qu'elle préférerait** des fleurs. – 8. **Tu as dit qu'il avait réussi** son permis de conduire et **qu'il allait** s'acheter une moto.

6

1. **J'ai expliqué à l'étudiant qu'il fallait** d'abord aller à la préfecture. – 2. **Ton fils m'a dit qu'il ferait** ce **qu'il lui plairait** quand **il lui plairai**t. – 3. La radio **a annoncé qu'on n'avait pas retrouvé** les terroristes. – 4. Ce soir-là, nous **avons dit que nous ne serions** pas absents longtemps. – 5. Le journaliste **a écrit que les terroristes s'étaient enfuis** avec une voiture volée et **qu'ensuite ils l'avaient abandonnée**. – 6. La radio **a annoncé que les policiers avaient cherché** partout les gangsters mais **qu'ils ne les avaient pas trouvés**. – 7. Il **a déclaré que** les habitants de ce village **seraient sauvés**. – 8. Elle **m'a affirmé qu'il n'aime/n'aimait** pas les romans policiers.

7

1. Il lui **a affirmé qu'il embauchait** aussi les femmes. – 2. Elle **m'a dit qu'il venait** dîner là tous les soirs. – 3. Tu **m'avais dit qu'il était venu** et **qu'il était reparti** tout de suite. – 4. Il me **disait que Gilles s'était levé** à cinq heures, **qu'ensuite il était parti** et **qu'on ne l'avait pas revu**. – 5. Claude **m'a dit qu'il n'avait pas osé** avouer à ses parents que leur voiture était complètement cassée. – 6. Elle **m'a expliqué qu'ils allaient** partir pour un mois à la mer quand Colette serait revenue de son stage. – 7. Sa mère **m'a dit qu'ils avaient décidé** de ne plus se voir parce qu'ils n'avaient plus rien à se dire. – 8. Je crois qu'il **a dit que** quand maman **aurait terminé** la vaisselle, **elle pourrait** te donner un coup de main.

8

Un copain m'avait dit que si je faisais des études de lettres, il faudrait que j'aille jusqu'au bout et que je fasse un doctorat. J'ai fait ma licence, une maîtrise et un doctorat. La soutenance s'est très bien passée, on m'a félicité et j'ai demandé comment je pourrais enseigner à l'université. Alors on m'a dit qu'un doctorat n'était pas grand-chose et qu'il fallait d'abord se faire connaître. J'ai écrit, péniblement, douze articles que j'ai eu du mal à publier dans une revue connue. Alors on m'a dit qu'il suffisait de se présenter pour obtenir un poste. Ce n'était pas tout à fait exact. J'étais bien qualifié pour être maître de conférence, mais les rares postes libres me sont passés sous le nez, et on m'a clairement signifié que si j'avais été agrégé, j'aurais eu plus de chances, car la profession est très encombrée.

C'est pourquoi je prépare mon agrégation comme je peux, je fais des remplacements dans un lycée, j'ai perdu dix années, les plus belles, de ma vie, et, de plus je me suis entendu dire que si j'avais été moins ambitieux, il y a belle lurette que je serais professeur.

Choix du verbe introducteur

9

1. Pierre dit à sa mère qu'il aime le chocolat./Pierre **a dit** à sa mère **qu'il aimait** le chocolat. – 2. Nicole **dit** à ses amis **qu'elle n'ira** pas au cinéma./Nicole **a dit** à ses amis **qu'elle n'irait** pas au cinéma. – 3. Alain **demande** à Karine **si elle viendra** avec lui. Elle lui **répond qu'elle ne peut** pas./Alain **a demandé** à Karine **si elle viendrait** avec lui. Elle **a répondu qu'elle ne pouvait** pas. – 4. Yves **demande** à Paul **si sa mère est arrivée**. Il **répond qu'elle n'est pas encore arrivée**./Yves **a demandé** à Paul **si sa mère était arrivée**. Il a répondu qu'elle **n'était pas encore arrivée**. – 5. Philippe **demande** à sa sœur **qui est venu**./Philippe **a demandé** à sa sœur **qui était venu**. – 6. Anne **demande** à Sylvie **qui partira** avec elle./Anne **a demandé** à Sylvie **qui partirait** avec elle. – 7. Bernard **demande** à Anne **ce qu'elle veut**./Bernard **a demandé** à Anne **ce qu'elle voulait**. – 8. Paul **demande** à Jean **ce qui s'est passé** et **de quoi nous parlions**./Paul **a demandé** à Jean **ce qui s'était passé** et **de quoi nous parlions**. – 9. Nadine **dit** à son mari **de ne pas partir** tout de suite./Nadine **a dit** à son mari **de ne pas partir** tout de suite. – 10. Yves **demande** à Marc **à qui elle a téléphoné** et **pourquoi elle a fait** ça./Yves **a demandé** à Marc **à qui elle avait téléphoné** et **pourquoi elle avait fait** ça. – 11. Claude **demande** à Marc **quelle était** sa fleur préférée./Claude **a demandé** à Marc **quelle était** sa fleur préférée. – 12. Pierre **dit** à ses amis **d'entrer** vite./Pierre **a dit** à ses amis **d'entrer** vite. – 13. Luc **demande** à ses voisins **où ils iront** en vacances./Luc **a demandé** à ses voisins **où ils iraient** en vacances. – 14. Aline **demande** à sa fille **de lui apporter** un verre d'eau./Aline **a demandé** à sa fille **de lui apporter** un verre d'eau.

10

1. Monsieur Goude **a expliqué** à son fils **comment il devait** tenir son marteau. – 2. Un touriste **a demandé** à un passant **où se trouvait** la gare. – 3. S'adressant à son frère, Pierre a **reconnu/admis que celui-ci avait raison**. – 4. Luc **a avoué** à sa mère **que c'était lui** qui avait cassé le vase. – 5. Un homme politique **a déclaré/assuré qu'il n'avait jamais fait** de telle déclaration à la presse. – 6. Pierre **a admis/expliqué que ce n'était** pas lui et **qu'il avait dû** se tromper. – 7. Monsieur Blanc **a déclaré/répété** à son fils **qu'il ne lui prêterait** plus la voiture. – 8. Le professeur **a demandé** aux élèves/**a prié** les élèves **de se taire** immédiatement. – 9. Mathilde **a annoncé** à ses amies **qu'elle attendait** un bébé. – 10. Le président **a déclaré/annoncé que la séance était ouverte**. – 11. Simone **a dit** à son fils **qu'elle voulait** bien qu'il dorme chez son copain/**a accepté** que son fils dorme chez son copain. – 12. Thérèse au téléphone **a confirmé qu'ils revenaient** bien, le samedi, par le TGV de 21 heures – 13. Un serveur **a prié** un groupe de jeunes **de faire** moins de bruit. – 14. Un commerçant **a confirmé/répété qu'il n'avait** pas cet article. – 15. La vendeuse **a garanti/assuré que cette machine était** tout à fait silencieuse. 16. Le moniteur d'auto-école **a répété** au jeune homme **qu'il devait** toujours regarder dans le rétroviseur avant de doubler.

11

10 octobre 2002 le soir
Nicolas à Lise: Pierre m'a dit, ce matin qu'il en a/avait assez de ce travail, qu'hier, encore, rien n'était prêt pour la rentrée et qu'il va/allait changer de travail.
20 septembre 2005
Nicolas parle de Pierre à Marc: Ce jour-là, Pierre m'avait dit qu'il en avait assez de ce travail, que la veille encore rien n'était prêt pour la rentrée et qu'il allait changer de travail.

1er juin 2003 au dîner
Nathalie parle de Jacques à son mari : Ce matin, Sébastien m'avait appris que Jacques a failli être tué dans un carambolage sur l'autoroute, le week-end dernier.
28 septembre 2005
Nathalie parle de Jacques à Marie : Il y a un peu plus d'un an, Sébastien m'avait appris que Jacques avait failli être tué, le week-end précédent dans un carambolage sur l'autoroute.

12 🌳 🌳
Hugo
- content, a accepté et lui a proposé de l'aider ;
- a trouvé l'idée sympathique et lui a proposé ses services ;
- a accepté avec reconnaissance et était prêt à lui donner un coup de main.

Pierre
- a accepté et a demandé ce qu'il pouvait apporter ;
- a trouvé l'idée bonne ;
- a accepté en proposant de participer.

Michel
- n'était pas libre ;
- n'a pas pu accepter car il avait un rendez-vous ;
- la proposition ne lui plaisait pas ;
- a refusé en raison/sous prétexte d'un rendez-vous ;
- a accepté mais sans grand enthousiasme.

Jeanne
- désolée, n'a pu accepter car elle devait aller voir sa mère ce soir là ;
- a regretté de ne pouvoir se joindre à ses amis parce qu'elle devait aller voir sa mère ;
- a refusé avec regret car elle devait aller voir sa mère ce soir-là.

Sophie
- a accepté sans enthousiasme ;
- a accepté par désœuvrement ;
- n'a pas refusé, mais ne semblait pas enchantée par l'idée.

Annie
- a refusé catégoriquement ;
- a refusé sèchement, froidement ;
- la proposition ne lui plaisait pas.

Laure
- a accepté mais sans grand enthousiasme ;
- a accepté par gentillesse ;
- n'a pas osé refuser.

Roselyne
- de mauvaise humeur, a refusé l'invitation ;
- a repoussé cette proposition avec agressivité ;
- a grossièrement refusé son invitation.

Roland
- a accepté avec enthousiasme ;
- s'est jeté sur l'idée avec plaisir ;
- a accepté chaleureusement.

13 🌳 🌳 *Exercice de créativité : proposition*
Hors de lui/furieux en découvrant son jouet cassé, Raphaël a traité son frère de crétin. Raymond très surpris/stupéfait devant cet accès de colère très inhabituel chez son jeune

frère n'a su que dire/n'a rien trouvé à répondre. Rendu encore plus furieux par ce silence, Raphaël l'a défié de plus belle avec agressivité. Mais cette fois-ci le frère aîné, qui avait retrouvé ses moyens, a répondu du tac au tac et lui a intimé l'ordre de se taire/lui a ordonné fermement de se taire, le menaçant même d'une gifle s'il ne le faisait pas.

14 *Exercice de créativité : proposition*
Charlotte, inquiète à l'idée que son patron veuille la voir, a demandé à sa collègue ce que cela pouvait signifier. Léa, ignorant complètement la raison de cette convocation, n'a pas pu lui donner d'explication. Comme Charlotte était de plus en plus inquiète – c'était la première fois qu'elle était convoquée – gentiment et à plusieurs reprises, Léa a essayé de lui remonter le moral, faisant même la supposition qu'il voulait peut-être lui confier d'autres responsabilités ; devant le manque de confiance en elle de sa collègue, Léa a pris un ton plus ferme et lui a conseillé de cesser de se poser des questions inutiles qui ne lui faisaient que du mal.

15 *Exercice de créativité*

Le discours rapporté et les textes de presse

16
1. il a souligné que ; il a réaffirmé avec force ; il a annoncé que – **2.** interrogé sur… il s'est montré ; il s'est contenté d'indiquer que – **3.** il a démenti formellement les rumeurs… concernant ; certains s'étaient inquiétés… ; il a souligné ; en racontant quelques anecdotes – **4.** il a fait savoir que ; certains avaient annoncé – **5.** il a assuré les victimes de ; s'est engagé à – **6.** le journal part en guerre contre ; dénonce leurs procédés ; s'indigne que ; réclame une moralisation ; appelle les… à agir – **7.** un communiqué du… met en avant. ; les… ne partagent pas cet optimisme – **8.** les… s'inquiètent de… qui, selon eux, cache ;… ils alertent l'opinion sur ;… le gouvernement affiche sa…

17
1. Le directeur du musée Beaubourg **est convaincu que notre sensibilité change** d'échelle. – **2.** Un député de l'opposition **se demande s'il ne faut pas rétablir** la proportionnelle/**propose de rétablir** la proportionnelle. – **3.** Un écrivain Sud Africain **manifeste son opposition** à la discrimination/**refuse la discrimination/se déclare** absolument contre la discrimination. – **4.** Le directeur d'un cabinet conseil en management **conseille de ne pas sous-estimer** l'angoisse du temps inoccupé/**lance une mise en garde** contre l'angoisse…/**souligne l'angoisse** du… qu'il ne faut pas sous-estimer. – **5.** Le président de l'ACPE **conseille fermement de conserver** son emploi…/**attire l'attention sur le fait qu'il faut** conserver son emploi/**met en garde contre** le fait de quitter prématurément son emploi… – **6.** Le PDG **confie/révèle qu'il a fait** tous les jobs chez GO et que cela l'aide dans son travail/le PDG **souligne que** le fait d'avoir fait tous les jobs chez GO l'aide dans son travail. – **7.** Un généticien **s'interroge sur** la compétitivité de la recherche médicale/**demande si la** recherche médicale peut rester compétitive/**pose la question de savoir** si la recherche médicale peut rester compétitive. – **8.** Un membre de M. Havelaar **assure/affirme que** le commerce équitable c'est portable, qu'une ligne de vêtements éthiques (loin du baba cool) envahit les boutiques. – **9.** La prévention routière **met en garde contre** l'oubli de la ceinture de sécurité/**attire l'attention sur** l'utilité de la ceinture. – **10.** Le producteur de spiritueux **affirme/assure/souligne que** ce n'est pas en changeant la loi Evin qu'on sauvera le vin français.

18

1. Le Dalaï Lama **croit/pense/estime que** la chaleur humaine permet l'ouverture. Il est **convaincu que** nous découvrirons que tous les êtres humains sont comme nous, tout simplement. – **2.** Hubert Reeves **lance un cri** d'alarme pour protéger l'environnement avant qu'il ne soit trop tard./Hubert Reeves nous **avertit que** demain, il sera trop tard si nous n'agissons pas de toute urgence pour protéger l'environnement. – **3.** Le député se **pose des questions** concernant le faible taux/à propos du faible taux/de participation des électeurs à certains scrutins (qui le laisse perplexe,) et il **se demande s'il** faut (s'il ne faut pas) rendre le vote obligatoire). – **4.** Michel X **s'élève contre** les violences conjugales. Il **déclare qu'un** homme qui frappe sa femme n'a jamais d'excuses et il **pense qu'il** doit se faire soigner pour maladie mentale. – **5.** Le Barois **estime que** de nombreuses personnes s'inquiètent à juste titre des conséquences de la mondialisation, mais il **souligne qu'ils/attire l'attention sur le fait qu'**ils ne sont pas toujours conscients de ses nombreux aspects positifs. – **6.** P. **s'élève contre** les extrémistes de tous bords. Il **déclare qu'il** défendra toujours la démocratie contre les fanatiques. – **7.** V. Suchard **récuse** l'idée que le niveau du bac baisse. Elle **révèle que** les élèves d'aujourd'hui ont obtenu de meilleurs résultats au bac de 1920 en maths et en rédaction que les élèves de l'époque, mais qu'ils sont moins bons en orthographe. – **8.** N. Bouvier **croit qu'un** voyage se suffit à lui-même. Il **confie qu'on** croit qu'on va faire un voyage mais que bientôt c'est le voyage qui vous fait ou vous défait. Il **juge qu'un** voyage ne nous apprendra rien si nous ne lui laissons pas aussi le droit de nous détruire. – **9.** Le patron **manifeste son opposition** à la continuation du conflit, il **met en garde contre** les risques pour l'entreprise. Le syndicaliste **propose** une réunion des deux parties et **réclame** une promesse d'action contre les licenciements. – **10.** Le porte-parole de l'UE **annonce qu'un** certain nombre de mesures de l'UE vont être simplifiées et il **garantit qu'il** y aura bientôt des améliorations importantes. – **11.** Eaupur sur le forum du magazine *Psychologies* **estime que/est convaincu que** tout le monde aura bientôt sa puce sous la peau. Il **prédit qu'**elle aura un grand succès, car elle sera présentée comme l'image de la modernité. – **12.** De nombreuses personnalités **s'élèvent contre** le dopage/**lancent un cri** d'alarme contre le dopage des jeunes sportifs qui, d'après elles, est en train de massacrer toute une génération. Ils **reconnaissent/admettent que** le dopage a toujours existé existera toujours sous une forme ou sous un autre, mais ils **réclament de** protéger efficacement au moins les jeunes.

19

…**confie** Emmanuel ; …il **revient d'abord sur** ; …il **se souvient d'**un ; …il **évoque** aussi ; …il **raconte** aussi…

20

Le président de la commission des lois…
1. a insisté sur le fait que le risque de déviation existait dans tous les domaines… – **2. a souligné que** la délinquance et l'insécurité n'était pas le seul fait des étrangers. – **3. a expliqué que** cela voulait dire que les policiers savaient qu'ils étaient soumis au contrôle. – **4. a jugé que** le délit de sale gueule était parfaitement inadmissible dans une démocratie.

21

Exercice de créativité

22

a) Informations sur l'accident
- Heure : 5 heures 35 ;
- Lieu : rue des Pyramides Paris 11er ;
- Conducteur : un homme dont on ne connaît pas l'identité ;
- Passagers : Jean-Marie Hugo, Roland Lelaidier ;
- Type de la voiture : C3 (marque Citroën) ;
- Cause de l'accident : un virage mal négocié/une trop grande vitesse ;
- Déroulement de l'accident : la voiture a heurté le socle d'une statue puis s'est écrasée contre un pilier ;
- État de la voiture : disloquée ;
- État du conducteur : pratiquement indemne ;
- État des passagers : tués sur le coup ;
- Témoin : le concierge de l'hôtel Régina ;
- Informations apportées par le témoin : a entendu des bruits de pneus, a vu un éclair de phares, a entendu comme une explosion.

b) Dans la version en discours rapporté, l'ordre chronologique des événements (tous cités) est rétabli.

c) *Exercice de créativité.*

d) Transcription en discours rapporté
Le conducteur, très choqué, n'a pu dire exactement ce qui s'était passé. Après avoir passé la soirée à boire et à faire la fête, il est parti en voiture avec deux passagers. Il a abordé un virage à une vitesse vraisemblablement excessive car il n'a pas été capable de redresser la voiture qui a dérapé. Il a ressenti deux chocs violents. Ce n'est qu'en sortant qu'il a découvert le drame. Il s'est promis de ne plus jamais avoir de voiture aussi puissante.

23

Grenoble 18 heures. Circulant sur le cours Jean-Jaurès, le conducteur d'une 307 peugeot, Paul Robert, 24 ans, habitant 24 rue Millet à La Tronche, a brûlé le feu rouge au croisement avec le cours Berriat. Il a alors heurté de plein fouet la C3 de Marie Dussolier, 22 ans, habitant 2 rue Chopin à Saint-Martin-d'Hères qui roulait sur le cours Berriat en direction du centre-ville. La circulation, très dense à cette heure dans ce quartier, a été bloquée pendant une demi-heure. Les témoins, nombreux, ont tous confirmé la responsabilité de Monsieur Robert dans cet accident. Mademoiselle Dussolier, blessée aux jambes et à la tête, a été transportée à l'hôpital mais son état n'inspire pas d'inquiétude. Un témoin, Renaud Marquet, affirme que le conducteur de la 307 était en tort. Il explique que la 307 qui roulait à vive allure a brûlé le feu rouge et a percuté la C3 avec violence. Appelés par R. Marquet les secours sont arrivés très rapidement

24 *Proposition*

a) Le soir, Marie est venue me chercher et **m'a demandé si** je voulais me marier avec elle. **J'ai dit que** cela m'était égal et que nous pourrions le faire si elle voulait. **Elle a voulu savoir alors si** je l'aimais. **J'ai répondu** comme je l'avais déjà fait une fois, que cela ne signifiait rien, mais que sans doute je ne l'aimais pas. « Pourquoi m'épouser alors ? » a-t-elle dit. **Je lui ai expliqué que** cela n'avait aucune importance et que si elle le désirait, nous pouvions nous marier. D'ailleurs, c'était elle qui le demandait et moi je me contentais de dire oui. **Elle a observé alors que** le mariage était une chose grave. **J'ai répondu** : « Non. » (Elle s'est tue un moment et elle m'a regardé en silence. Puis elle a parlé). **Elle voulait simplement savoir si** j'aurais accepté la même proposition d'une autre femme, à qui je serais attaché de la même façon. J'ai dit: « Naturellement. » **Elle s'est demandé alors si** elle m'aimait moi, je ne pouvais rien savoir sur ce point. (Après un autre moment de silence), **elle a murmuré que** j'étais bizarre, qu'elle m'aimait sans doute à cause de cela, mais que peut-être un jour je la dégoûterais pour les mêmes raisons. (Comme je me taisais, n'ayant rien à ajouter, elle m'a pris le bras en souriant) et **elle a déclaré qu'elle** voulait se marier avec moi. **J'ai répondu que nous** le ferions dès qu'elle le voudrait.

b) - Dis-moi, voudrais-tu te marier avec moi ?
- Oui, si tu veux. Ça m'est égal.
- Est-ce que tu m'aimes ?
- Tu sais « aimer » ne signifie rien et je ne crois pas que je t'aime. Mais cela n'a aucune importance et si tu le désires, nous pouvons nous marier.
- Le mariage est une chose grave !
- Non.
- Est-ce que tu aurais accepté la proposition d'une autre femme ?
- Naturellement.
- Peut-être que je ne t'aime pas non plus.
- Ça, je ne peux pas le savoir !
- Tu es très bizarre et c'est sans doute à cause de ça que je t'aime. Mais peut-être qu'un jour, ce sera aussi à cause de ça que tu me dégoûteras. Allez, c'est décidé, nous allons nous marier.
- D'accord, dès que tu le voudras.

La comparaison

20

Corpus d'observation

N°	Moyen de comparaison utilisé	Sur quel mot porte la comparaison : Adjectif, adverbe, nom, verbe
1	comme (des)	maisons (nom)
2	plutôt que	la guerre (nom)
3	aussi… que	simple/frais (adjectifs)
4	(créer) autant que	nous/avons fait (verbes)
5	plus ou moins c'est plus, plus, plus ! et moins cher	- on sait (verbe) - expressif ; peut être développé a) plus de sport (nom) b) plus que les autres clubs (nom) - comparaison implicite : … que les autres clubs (nom)
6	en moins, en plus	un jour (nom)
7	plus aussi autant de le mieux	douce (adjectif) agréable (adjectif) facilités (nom) c'est (de choisir) Ordy, le verbe est implicite même sens que : c'est le meilleur choix/la meilleure solution
8	plus de	moins de voiture (nom) pollution (nom)
9	plus de… que de…	considération, argent (noms)
10	le pire la meilleure	performance (nom)
11	les… les plus chers les meilleurs	produits (nom)
12	beaucoup trop de	graisses et sucres (noms)

Exercices

Moyens grammaticaux pour exprimer la comparaison

1 🌳 **Plus ou moins**

1. Une Ferrarri roule **plus vite qu'**une Peugeot 205. Une Peugeot 205 roule **moins vite qu'**une Ferrarri. – **2.** Il y a **plus d'**habitants en France **qu'**en Espagne. L'Espagne est **moins** peuplée **que** la France. – **3.** À sa mort, Stendhal était **moins âgé que** V. Hugo. Quand il est mort V. Hugo était **plus vieux que** Stendhal. – **4.** Grenoble est **plus éloignée** de Paris **que** Lyon. Lyon est **moins** loin de Paris **que** de Grenoble. – **5.** Un sportif de haut niveau s'entraîne **plus qu'**un sportif moyen. Un sportif moyen s'entraîne **moins qu'**un sportif de haut niveau. – **6.** Ch. de Gaulle a été président **plus longtemps que** G. Pompidou. G. Pompidou a été président **moins longtemps que** Ch. de Gaulle.

2

1. J'aime **autant** les films policiers **que** les films poétiques. – **2.** Ils ont acheté **autant de** boissons **qu'**il est nécessaire. – **3.** Valérie court **aussi vite que** les autres. – **4.** Nous allons **autant** au cinéma **qu'**au théâtre. – **5.** Ils se sont montrés **aussi désagréables que** leurs voisins. – **6.** Elle mange **autant que** moi. – **7.** La « Clio » coûte **aussi cher que** la « 107 ». – **8.** Elle fait la cuisine **aussi bien que** sa mère. – **9.** … Il y a **autant de** vacanciers à Nice **qu'**à Cannes. – **10.** Jacques travaille **moins,** mais il gagne **autant.**

3

1. Ma nouvelle voiture consomme **plus que** la précédente. – **2.** Les Français mangent **plus de** viande **que de** pain. – **3.** Il y a **plus/davantage d'**alcool dans le cognac **que** dans le vin. – **4.** Mes enfants aiment **plus/davantage** les frites **que** les épinards. – **5.** Les prix sont **plus** avantageux dans les grands magasins **que** dans les petites boutiques. – **6.** il a **plus de** chances de réussir **que** Paul… – **7.** Le TGV est **plus rapide qu'un** train ordinaire. – **8.** En France, il pleut **plus/davantage** en Bretagne **qu'**en Provence. – **9.** nous aurons **plus vite** fini **que** les autres. – **10.** Les stations de ski accueillent aujourd'hui **plus/davantage de** vacanciers **qu'**autrefois.

4

1. J'achète **moins de** fruits en conserve **que de** fruits frais. – **2.** Les roses se conservent **moins** longtemps **que** les tulipes. – **3.** Les places de cinéma coûtent **moins cher que** les places de théâtre. – **4.** Les légumes surgelés sont **moins bons que** les légumes frais. – **5.** il y a **moins de** circulation entre… **qu'**entre 17 heures et 19 heures. – **6.** Elle a **moins de** difficultés à parler anglais **qu'à** parler allemand. – **7.** Nous mangeons beaucoup **moins de** pain **que** vous. – **8.** Mon fils dépense **bien moins que** ma fille. – **9.** P. Corneille est **moins connu que** V. Hugo. – **10.** Elle vient me voir **moins souvent que** sa sœur.

5 Propositions

Le père :
- Je gagne **beaucoup plus d'argent que** M. Supin.
- Ma maison est située sur un terrain **tout aussi beau que** celui de mon voisin.
- La voiture de mon voisin est **bien moins puissante que** la mienne.
- Leur jardin est **bien moins arboré que** le nôtre.

La mère :
- Les vêtements qu'elle porte sont **beaucoup moins élégants que** les miens.
- Ma voisine cuisine **encore moins bien que** moi.
- Les fêtes qu'ils organisent sont **beaucoup moins agréables que** les nôtres.
- Ils partent en vacances **bien moins souvent que** nous.

La fille :
- Mes résultats aux examens sont **bien meilleurs que** ceux de leur fille.
- Mes amis sont **beaucoup moins stupides que** les leurs.
- Leur chien aboie **beaucoup plus que** le nôtre.
- Ma bicyclette est de **bien meilleure qualité que** celle de leur fils.

Le fils :
- Ses petites amies sont **beaucoup moins belles que** les miennes.
- Son père lui donne **bien moins d'argent que** le mien m'en donne.
- Ses résultats sportifs sont **bien pires que** les miens.

6

a)
- il est **meilleur que** le précédent.
- le premier morceau était **plus mauvais que** celui-ci.
- mais il était **meilleur que** celui…
- la façon de jouer du groupe qui était venu à Noël était **encore pire.**
- n'importe quel amateur débutant joue **mieux qu'eux.**
- on pourrait leur donner le prix du **plus mauvais groupe**…
- c'est difficile de bien jouer.
- quand on ne joue **pas bien**, on ne fait pas de concert.

b)
- Cette année nous avons **un plus mauvais bilan que** l'année dernière, nous n'avons pas bien géré notre budget.
- les ventes de téléviseurs ont été **plus mauvaises que** celles de l'année dernière.
- Et c'est **encore pire** pour les caméscopes !
- quelle serait **la meilleure solution**…
- Il vaudrait peut-être **mieux** utiliser la publicité **et bien** prévoir l'évolution du marché.
- d'engager **de meilleurs vendeurs** et de **mieux** les former ?
- il faut travailler en ce sens pour avoir **de meilleurs résultats**.

7 *Propositions*

1. Il est plus agréable de vivre dans un petit village que dans une grande ville. – Le prix des loyers est moins élevé dans un village que dans une grande ville. – Une grande ville est bien plus polluée qu'un petit village où la vie est plus proche de la nature. – Les distractions sont plus nombreuses dans une grande ville. – Il y a beaucoup moins de circulation dans un petit village, les gens sont beaucoup moins stressés. Les spectacles sont bien plus nombreux en ville mais on y dépense bien plus d'argent. – Etc.

2. La star a une vie bien plus mouvementée que celle de la sportive. – La star sort plus le soir que la sportive. – Elles font un régime alimentaire aussi strict l'une que l'autre. – La star gagne beaucoup plus que la sportive. – Elles font autant attention à leur corps l'une que l'autre. – La star se maquille plus que la sportive. – Etc.

8 *Propositions*

La durée de trajet est aussi longue dans les deux cas.
Le trajet en car n'est pas plus long qu'en voiture. Le car est beaucoup plus économique à l'usage. La voiture coûte beaucoup plus cher que le car. Le car coûte quatre fois moins cher par mois que la voiture. Il y a moins de risques d'accident en car. Un chauffeur professionnel est plus compétent et moins fatigué qu'un travailleur en fin de journée. Les véhicules publics sont mieux entretenus, respectent mieux les limitations de vitesse. Ils ont moins la tentation de prendre des risques car ils circulent plus facilement sur des voies réservées. La voiture est plus disponible. Le car est moins satisfaisant la nuit et permet moins de souplesse pour transporter des objets encombrants et lourds.

9 *Exercice de créativité*

Comparaison et expressions idiomatiques ou personnelles

10

a) Être fait comme un rat ; chanter comme un rossignol ; sauter comme un cabri ; siffler comme un merle ; souffler comme un phoque ; courir comme une gazelle ; bavarder comme une pie ; gai comme un pinson ; paresseux comme un lézard ; sale comme un cochon ; rusé comme un renard ; frisé comme un mouton.

b)

1	2	3	4	5	6	7	8	9	10	11	12	13	14	15	16
f	m	a	k	c	h	e	i	j	b	g	o	n	d	l	p

c) 1. il est comme un coq en pâte. – **2.** je serai muet comme une carpe. – **3.** il crie comme un putois. – **4.** il parle comme une vache espagnole. – **5.** elle a poussé comme un champignon. – **6.** il est bête comme chou. – **7.** elle mange comme un oiseau. – **8.** elle est sympathique comme une porte de prison. – 9. ça se voit comme le nez au milieu de la figure. – **10.** elle est arrivée comme un cheveu sur la soupe.

d) *Exercice de créativité*

11 *Exercice de créativité*

Comparaisons et autres notions

12

1. Leïla court **comme si elle était poursuivie** par une bête sauvage. – **2.** Il a avalé son repas **comme s'il n'avait pas mangé** depuis trois jours. – **3.** Il s'occupe du bébé **comme s'il avait fait** ça toute sa vie. – **4.** Murielle agit **comme si elle avait perdu la tête** – **5.** Elle nous a insultés **comme si on l'avait forcée** à sauter. – **6.** Les enfants transpirent énormément **comme s'ils avaient couru** pendant plusieurs kilomètres.

13

1. Hier soir, ils ont organisé une grande fête **comme le jour où** leur fils a eu son doctorat. – **2.** J'ai été émue **comme au moment où** j'ai vu ce tableau pour la première fois. – **3.** Il s'est senti libre **comme lorsque ses parents** l'ont laissé seul pour la première fois – **4.** Il a étudié **comme quand il allait** à l'université. – **5.** Il a eu une sensation étonnante **comme au moment où** il a sauté en parachute pour la première fois. – **6.** Il a été satisfait **comme le jour où** il a obtenu son diplôme. – **7.** Elle nous avait préparé un gâteau au chocolat **comme quand** j'étais petite.

14 *Propositions*
1. comme après sa réussite au concours. – **2.** comme avant les examens. – **3.** comme avant sa maladie. – **4.** comme l'année où elle a perdu 10 kg. – **5.** comme après avoir réussi son bac. **6.** comme avant son accident. – **7.** comme avant tous ses examens.

15 *Propositions*
1. comme pour recevoir quelqu'un d'important. – **2.** comme pour gagner une course. – **3.** comme pour oublier ses problèmes. – **4.** comme pour ne rien oublier de la soirée. – **5.** comme pour faire un long discours. – **6.** comme pour lui faire croire qu'il la quittait. – **7.** comme pour le séduire.

Le superlatif

16 *Exercice de créativité*

17 *Propositions*
a)
- Quel est l'hôtel le plus central et le mieux desservi par les transports en commun ? Où se trouve l'hôtel le plus récent et le mieux équipé ? Connaissez-vous l'hôtel le plus tranquille ? D'après vous, quel est l'hôtel le plus sympathique et le meilleur marché ?
- Indiquez-moi le bistrot le plus sympa pour boire un verre après minuit ? Je voudrais aller dans le meilleur bar à musique, lequel est-ce ? Pour danser, quelle est la discothèque la

plus fréquentée ? Où se trouve l'endroit le plus agréable pour lire au soleil ? Quel est le lieu le plus paisible pour se promener ? Quelle rue est la meilleure pour faire les boutiques ? Où est située la rue la plus commerçante ?
- Quel est le musée le plus intéressant ? Quel est le monument le plus ancien ? Quelle est la construction la plus intéressante ? Quel est le bâtiment le plus original ?
- Parlez-moi des personnages les plus célèbres et les plus remarquables de la ville, des moments les plus forts de la vie de la ville, des personnalités les plus en vue, les moins aimées. Décrivez-moi la coutume locale la plus typique.
b) *De très nombreuses réponses sont possibles. Reprenez les structures du dialogue.*

18 *Exercice de créativité*

19
1. Jean – **2.** Nathalie – **3.** La marguerite. – **4.** Celui de Daniel – **5.** Jean.

20 *Exercice de créativité*

21
1. Elle voulait voir le directeur, mais elle est arrivée **trop** tard, il était déjà parti. – **2.** Du champagne ? Mais oui j'en veux, je l'aime **beaucoup**. – **3.** Vous êtes **très** jolie, mais votre robe est un peu **trop** longue. – **4.** Mon mari a **très** mal à la gorge parce qu'il a fait son exposé en parlant **beaucoup trop** fort. – **5.** Pendant trois heures tout le monde s'est ennuyé ; je pense que son discours était **beaucoup trop** long. – **6.** Qu'est-ce qu'il y a pour le déjeuner ? J'ai **très** faim. – **7.** Je vais vite prendre quelque chose à manger, je ne peux plus attendre. J'ai **trop / beaucoup trop** faim. – **8.** Cette voiture est **très** chère, mais il peut l'acheter, il a **beaucoup d'**argent. – **9.** Vous travaillez tous les soirs jusqu'à 20 heures, le samedi et le dimanche, et vous êtes fatigué ? Ca ne m'étonne pas, vous travaillez **beaucoup trop** ! – **10.** Le lait est **très** bon pour la santé, il faut en boire **beaucoup.**

Commenter des statistiques

22

	V	F
1 L'espérance de vie des Françaises est plus grande que celle des Français.	+	
2 Les hommes vivent cinq ans de moins que les femmes.		+
3 Le nombre de divorces est plus important dans les cinq premières années du mariage.		+
4 La plupart des gens divorcent entre 35 et 40 ans.	+	
5 Les Irlandaises ont plus d'enfants que les Françaises.	+	
6 La majorité des Françaises enfante à environ 29 ans.	+	
7 Il y a moins d'hommes seuls que de femmes seules.	+	
8 Les femmes s'alcoolisent plus fréquemment que les hommes.		+
9 Les femmes et les hommes fréquentent autant les cabinets des médecins.		+
10 Il y a beaucoup plus d'hommes qui meurent sur la route que de femmes.	+	
11 Plus de femmes que d'hommes déclarent fumer tous les jours.		+
12 Les hommes consomment beaucoup moins de médicaments contre l'anxiété.	+	
13 Les hommes et les femmes font des études d'une durée voisine.	+	
14 Les filles réussissent mieux au bac que les garçons.	+	
15 Plus de la moitié des étudiants sont des garçons.		+
16 Les garçons sont deux fois plus nombreux dans les grandes écoles.	+	
17 Presque la moitié des travailleurs en France sont des femmes.	+	
18 Les femmes sont minoritaires dans l'enseignement.		+
19 Un nombre très important de femmes a une pratique religieuse régulière.		+
20 Plus de femmes que d'hommes pratique une religion.	+	
21 Les femmes votent moins que les hommes.		+
22 Les hommes lisent davantage de romans que les femmes.		+
23 Les femmes sont plus nombreuses que les hommes dans les activités culturelles.	+	
24 Les hommes passent deux fois moins de temps que les femmes à s'occuper de la maison.	+	

23

1. se sont déclarés plus que satisfaits; le moins bon résultat – **2.** l'année a été exceptionnelle; une récolte quatre fois plus élevée; une qualité record; plus de 70 pieds par mètre carré – **3.** pic de pollution; plus d'un véhicule sur deux ne respecte pas; température record; semaine la plus chaude depuis 10 dix ans; aggravé la situation; dépasse nettement; une hausse de deux degrés; le plus sage serait – **4.** capitale française de la bicyclette; plus de 400 km de pistes cyclables; le record de vélos volés; la palme de la longueur; ne coûtera pas plus de 33 euros – **5.** c'est plus malin; les Français sont de plus en plus nombreux à accepter; identiques aux autres; rigoureusement les mêmes principes; les mêmes contraintes; remboursés comme les autres; leur prix est inférieur d'environ 25 %; dernier avantage, mais non le moindre; effets identiques; effets égaux et moindre coût.

24

a) *Propositions*
Le nombre de jeunes adultes habitant chez leurs parents était **beaucoup moins important** en 1981. En 1991, il y en avait déjà 10 % **de plus** et aujourd'hui **plus de la moitié** des 20-24 ans reste encore sous le toit familial. 23 % des 25-29 ans y habitent aussi, c'est-à-dire **deux fois plus qu'en 1981.**

b) *Propositions*
En 2004, **plus des deux tiers des** jeunes de 20 ans vivent chez leurs parents. À 25 ans, **un tiers des** jeunes habitent encore au domicile familial. 11,5 %, soit **une minorité** non négligeable, s'incruste encore à 29 ans. Les garçons de 28 ans **s'incrustent plus que** les filles : 16 % contre 8,3 %. Les filles de 28 ans sont **moins nombreuses que** les garçons à rester dans la maison familiale. Il y a **beaucoup plus de** jeunes qui étudient entre 20 et 24 ans **qu'**entre 25 et 29 ans. **Plus des deux tiers des** jeunes de 25 à 29 ans qui continuent leurs études ont un emploi.

25 *Propositions.*

Toutes les capitales sont **plus chères les unes que** les autres, mais on peut constater quelques différences. Tokyo a la réputation d'être **la ville la plus chère du** monde mais l'hôtel est **un peu moins cher qu'à** Paris. En effet, c'est la capitale française qui facture **le plus cher** la nuit dans un trois étoiles. Pour loger à bon marché, **moitié moins**, mieux vaut aller à Moscou.
Par contre, en ce qui concerne le café, le petit noir est **plus abordable à Paris que** dans les autres capitales. Évitez d'en boire à Hong-Kong, il y coûte **quasiment le double** !
C'est à Londres que vous paierez **le plus cher** votre repas d'affaires, **plus qu'**à Paris, et pourtant, la cuisine anglaise n'a pas la réputation d'être **la meilleure d'Europe.**

26

a) La plus grande place dans nos préoccupations; plus ou moins important pour nous que d'autres activités; il semblerait que ce soit de plus en plus vrai; qu'il vient à égalité avec d'autres choses; il est assez important mais moins que d'autres choses; le deuxième enseignement est peut-être plus réconfortant; s'ils sont moins attirés par la réussite au travail; l'attachement au travail est le plus fort; les hommes et les femmes sont ici à égalité; une plus grande place; par une utilisation mieux comprise; que soient mieux aménagées les conditions; une plus grande prospérité.

b) 1. Le travail n'est plus une valeur sociale et personnelle.
2. Le travail n'est plus une priorité pour les jeunes qui n'ont pas le même rapport à l'argent que leurs parents.
3. Les réponses diffèrent en fonction de la nature du métier et de la rémunération qu'il offre.

Condition - Hypothèse

21

Corpus d'observation

1

1. Si + plus-que-parfait + conditionnel passé + conditionnel présent. – 2. Si + passé composé + passé composé + futur. – 3. Si + imparfait + conditionnel présent. – 4. Si + présent + impératif/si + présent + présent. – 5. Si + présent + futur proche + futur. – 6. Si + imparfait + conditionnel présent.

Exercices

Phrases avec si

1

a) 1. Si ton voisin **écoute** de la musique trop fort, **fais** plus de bruit que lui ; s'il fait trop de bruit, appelle la police ; s'il te **casse** les oreilles, descends lui dire qu'il exagère.
2. **Si** ta voisine **marche** avec des talons aiguille, **paie-lui** une moquette ; achète-lui des pantoufles ; si elle **est** trop bruyante, **signale-lui** qu'elle te dérange.
3. **Si** ton voisin **occupe** ta place, **dis-lui** que ça suffit comme ça ; s'il **prend** ta place trop souvent, **occupe** sa place de parking ; s'il se gare à ta place, mets un mot sur sa voiture.
4. **Si** ton voisin **reçoit** des gens bizarres, **espionne-le** pour en savoir plus ; **s'il a** de mauvaises fréquentations, **laisse-le** vivre sa vie ; s'il **connaît** trop de gens étranges, renseigne-toi auprès des autres habitants.

b) *Propositions*
1. « Si tu est trop gros… mange moins, fais du sport, cesse de boire de la bière. » – 2. « Si tu détestes faire le ménage, ne le fais plus, prends une femme de ménage, fais-le moins souvent. » – 3. « Si ton patron est odieux, change d'emploi, défends-toi, laisse-le faire sans t'inquiéter. » Etc.

2

1. Si je ne **téléphone** pas à dix heures, **quittez** la ville immédiatement. – 2. **Si** vous ne **recevez** pas la lettre dont je vous ai parlé, **déménagez.** – 3. **Si** je ne **reviens** pas dans trois jours, **contactez** la police. – 4. **Si** vous n'**avez** pas de télégramme dimanche, **changez** d'hôtel. – 5. **Si** je ne vous **apporte** pas d'argent demain, **réfugiez-vous** chez maman. – 6. Si je ne frappe pas trois coups puis deux coups, **fuyez** par la fenêtre.

3 *Propositions*
1. Si tu me **prends** mes affaires, je te **pique** les tiennes. – 2. Si tu **me réveilles** à minuit, je ne te **parle** plus. – 3. **Si** tu **oublies** de m'écrire, **tu peux** rester où tu es. – 4. **Si** tu **tombes** amoureux d'une autre **je te quitte** immédiatement. – 5. Si tu **ne fais** rien pour m'aider, je ne te **fais** plus la cuisine. – 6. Si tu n'**es** pas plus gentil, je ne **t'aide** plus à faire tes exercices.

4 *Exercice de créativité*

5

1. Et **si tu te casses** la figure, qu'est-ce que **tu deviendras** ? – 2. Et **si vous perdez** le bateau, où **vivrez-vous** ? – 3. Et **s'ils ont** des problèmes, comment **reviendront-ils** ? – 4. Et **s'il la quitte, elle décidera** quoi ? – 5. Et **si sa femme refuse** de déménager, est-ce **qu'il divorcera** ? – 6. Et **si je refuse**, est-ce que **vous me licencierez** ?

6

a) **S'ils sont** inquiets nous les **rassurerons**. **S'ils ont** des propositions constructives, nous les **appliquerons**. **S'ils manifestent**, **nous essaierons** de les calmer. **S'ils cassent** tout, nous **ferons** appel aux forces de l'ordre.
b) **Si l'ennemi ne relâche** pas la tension, **nous utiliserons** le téléphone rouge. **S'il refuse** la négociation, **nous nous mettrons** en état d'alerte rouge. **S'il augmente** son trafic aérien, **nous enverrons** des chasseurs. **S'il déplace** ses troupes au nord, **nous enverrons** la cinquième armée. **Si l'ennemi devient** vraiment menaçant nous utiliserons les sous-marins. **Si la situation s'aggrave** encore, **nous ferons** preuve d'imagination.

7 *Exercice de créativité*

8

1. Si elle est arrivée… **a)** dépêche-toi de rentrer – **b)** elle doit commencer à s'inquiéter – **c)** elle doit être déçue de ne pas te trouver – **d)** elle te cherchera bientôt partout.
2. Si tu as acheté la dernière Suzuki… **a)** ce n'est pas bien malin – **b)** tu auras bientôt des problèmes – **c)** revends-la tout de suite – **d)** tu as fait une grosse erreur.
3. Si vous avez découvert un scandale… **a)** oubliez-le aussitôt – **b)** vous êtes en danger – **c)** vous serez bientôt poursuivi – **d)** vous avez signé votre arrêt de mort.

9 *Propositions de correction. Les possibilités sont multiples : variez les temps.*
2. Si votre télévision tombe en panne, nous vous enverrons un dépanneur. – **3.** Si votre machine à laver n'a pas voulu démarrer, nous vous enverrons un réparateur. – **4.** Si vous désirez partir en vacances, nous pouvons vous donner tous les renseignements. – **5.** Si la baby-sitter ne peut pas venir, téléphonez-nous. – **6.** Si vous êtes blessé, appelez notre service d'urgence. – **7.** Si vous devez voyager, nous nous occuperons de vos réservations d'hôtel. – **8.** Si vous avez eu un problème de santé, vous pourrez avoir une aide-ménagère à domicile. – **9.** Si vous avez besoin d'un véhicule utilitaire, nous vous le fournirons. – **10.** Si vous avez été hospitalisé, nous pouvons amener un proche à votre chevet. – **11.** Si vous ne savez que faire de votre temps libre, nos conseillers en loisirs sauront vous orienter. – **12.** Si vous avez un problème avec la loi, consultez notre service juridique. – **13.** Si vous êtes immobilisé, nous pouvons vous livrer les médicaments à domicile. – **14.** Si vous avez eu un accident, nous vous enverrons une ambulance. – **15.** Si vous avez perdu vos clés, notre dépanneur viendra ouvrir votre porte. – **16.** Si vous avez été inondé, faites appel à nous.

Si + imparfait + conditionnel présent

10 *Propositions de correction*
Colonne 1 → colonne 2
S'il ne se mettait pas en colère toutes les cinq minutes, **nous aurions** moins envie de l'étrangler. **S'il n'était** pas de mauvaise humeur le matin, **nous serions** plus à l'aise avec lui. **S'il était** plus tolérant, **nous n'aurions** pas peur de ses réactions. **S'il acceptait** plus facilement les défauts des autres, **nous lui parlerions** avec moins de précautions. **Si vous ne criiez** pas quand on vous contrarie, **nous nous disputerions** moins souvent avec vous. **Si vous souriiez** plus souvent, **nous vous trouverions** plus agréable. **Si vous parliez** moins agressivement, **nous vous offririons** plus de cadeaux. **Si vous aviez** plus de patience avec les autres **je vous ferais** plus de bisous. **Si vous vous fâchiez** moins souvent pour rien, **je vous dirais** plus souvent des gentillesses. **Si vous acceptiez** de temps en temps d'avoir tort, je ne partirais pas en claquant la porte.

Colonne 2 → colonne 1
Si nous étions plus à l'aise avec lui, **il sourirait** plus souvent. **Si nous lui disions** plus souvent des gentillesses, **il se fâcherait** moins souvent pour rien. **Si nous le trouvions** plus agréable, **il parlerait** moins agressivement.

11 *Exercice de créativité*

12 *Exercice de créativité*

13 *Exercice de créativité*

14 *Exercice de créativité*

Si + plus-que-parfait + conditionnel présent ou passé

15 *Exercice de créativité*

16
1. Si les Gaulois **avaient été plus disciplinés**, les Romains ne **les auraient pas vaincus**. – **2. Si** la police **était arrivée** plus vite, la bagarre ne **serait pas devenue** générale. – **3. Si** ce film **avait été** vraiment nul, le public ne **se serait pas précipité** pour le voir. – **4. Si** le conducteur du bus **avait respecté** le code de la route, la police ne **l'aurait pas arrêté**. – **5. Si** les enfants **avaient fait** moins de bruit, leur mère ne les **aurait pas punis**. – **6. Si** les amis de Marie **étaient arrivés** plus tôt, le rôti **n'aurait pas brûlé**.

17
1. Si la manifestation **n'avait pas été** interdite, elle **aurait rassemblé** plus de monde. – **2. Si** ce spectateur **n'était pas sorti** avant la fin, **il aurait vu** la meilleure partie du spectacle. – **3. Si** ce film **n'avait pas eu** autant de publicité, **il aurait attiré** moins de spectateurs. – **4. Si** l'autoroute **n'avait pas été détournée**, elle **aurait détruit** une des plus belles zones naturelles de la région. – **5. Si** Pierre **n'avait pas eu** un grave accident en 1989, il **aurait émigré** en Australie. – **6. Si nous n'avions pas laissé** la porte ouverte, le chien **serait resté** à la maison.

18
1. Si Tabarly **n'avait pas affronté** les éléments, il **n'aurait pas fait** le tour du monde en solitaire. – **2. Si** Picasso, **n'avait pas été** un artiste exceptionnel, il **n'aurait pas peint** une œuvre aussi gigantesque. – **3. Si** James Dean **n'avait pas conduit** comme un fou, il ne se **serait pas tué** au volant. – **4. Si** Napoléon **n'avait pas aimé** autant le pouvoir, il **n'aurait pas essayé** de conquérir l'Europe. – **5. Si** Onassis **n'avait pas cru** à sa réussite, il ne **serait pas devenu** milliardaire. – **6. Si** Marilyn Monroe **n'était pas morte** si mystérieusement, elle ne **serait pas devenue** une star aussi mythique.

19
1. Si le système d'alarme **n'était pas tombé** en panne, **les malfaiteurs n'auraient pas volé** des toiles irremplaçables. – **2. Si** les savants **n'avaient pas inventé** la bombe atomique, **l'humanité ne se serait pas mise** à craindre la mort de la planète. – **3. Si** la médecine **n'avait pas trouvé** le remède de la lèpre, **de nombreux malades n'auraient pas guéri**. – **4. Si** les Indiens d'Amérique du Sud **n'avaient pas été divisés, les Espagnols ne les auraient** pas **vaincus** aussi rapidement. – **5. Si** vous ne nous **aviez pas invités, nous n'aurions pas vu** ce magnifique spectacle. – **6. Si** nous ne vous **avions pas rencontrés**, vous vous **seriez beaucoup ennuyés** dans cette soirée.

20

1. Si Jacques **avait moins bu**, il **n'aurait pas été** malade ce matin et il **n'aurait** pas encore mal au foie ce soir. – **2. Si** Marie **avait moins dansé**, elle ne **serait pas autant amusée** pendant la soirée et elle **n'aurait pas** de courbatures aujourd'hui. – **3. Si** les premiers arrivés **n'avaient pas mangé** tout le buffet, les derniers arrivés **auraient eu** quelque chose à manger et les premiers **n'auraient** pas mal au ventre aujourd'hui. – **4. Si** les musiciens **n'avaient pas chanté** toute la nuit, la fête **n'aurait pas été** superbement réussie et ils **n'auraient pas** une extinction de voix aujourd'hui. – **5. Si** Paul **n'était pas resté** timidement dans son coin, il ne **serait pas ennuyé** et il **n'aurait pas** le cafard aujourd'hui. – **6. Si** Sébastien et Annette ne **s'étaient pas plu**, ils **n'auraient pas** passé la soirée ensemble et ils **n'auraient pas** l'air très heureux aujourd'hui.

21

1. S'il **avait fini** sa thèse, **il ne serait pas** au chômage/il **aurait eu** le poste à Paris. – **2. Si elle avait moins voyagé/si elle n'avait pas autant voyagé**, elle ne **connaîtrait** pas bien le continent asiatique/elle **n'aurait pas rencontré** toutes sortes de gens. – **3.** S'il **n'avait pas émigré** en France, il **n'aurait pas changé** de nationalité/il **serait** encore Turc. – **4.** Si elle **n'avait pas rencontré** un séduisant Espagnol, **elle n'aurait pas émigré** en Espagne/elle ne **parlerait** pas espagnol couramment. – **5.** S'il **n'avait pas raté** son bus, il **n'aurait pas rencontré** Marie dans le métro/**il serait** encore célibataire… – **6. Si** elle ne s'était pas fâchée avec ses parents l'hiver dernier, elle **n'aurait pas dû** déménager/**ils l'aideraient** financièrement. – **7. Si** les enfants **ne s'étaient pas gavés** de bonbons tout l'après-midi ils **n'auraient pas eu** mal au cœur/ils **auraient** faim ce soir. – **8.** S'il **n'avait pas eu** un grave accident en janvier, **il n'aurait pas raté** un contrat important/il **ne boîterait pas** un peu aujourd'hui. – **9. Si** ma voiture **avait démarré**, je **n'aurais pas attendu** le bus pendant une heure/je **ne serais pas** en retard à mon rendez-vous.

22 *Exercice de créativité*

Synthèse

23

1-J ; 2-H ; 3-I ; 4-G ; 5-D ; 6-A ; 7-C ; 8-L ; 9-K ; 10-E ; 11-B ; 12 F ; 13-N ; 14-M.

24

1. est – **2.** avait été – **3.** était – **4.** veux – **5.** voulais – **6.** avaient voulu – **7.** n'est pas arrivé – **8.** cassez – **9.** m'avais pas cassé – **10.** n'avais pas perdu – **11.** ne vouliez pas – **12.** tombe – **13** j'aurais préparé – **14.** serait – **15.** prête-moi – **16.** n'auraient pas eu – **17.** auraient été – **18.** doit – **19.** avez dû – **20.** achètes-en.

Valeur des phrases avec SI

25

1. Si j'ai oublié, excuse-moi. – **2.** Si je n'en fais jamais, c'est que je travaille, moi ! – **3.** Si tu avais invité des gens intéressants, j'aurais été aimable. – **4.** Si tu y allais, tu m'amuserais peut-être beaucoup. – **5.** S'il a pu passer par la fenêtre, c'est que c'était un enfant. – **6.** Si tu n'étais pas là pour m'aider, je ne sais pas ce que je deviendrais ! – **7.** Si je pouvais les acheter, qu'est-ce que je serais contente ! – **8.** S'il avait été moins absent, nous aurions pu nous entendre. – **9.** Si un jour je gagne le gros lot, on pourra s'arrêter de travailler tous les deux. – **10.** Si tu n'as rien d'autre à faire, est-ce que tu peux éplucher les carottes ? – **11.** Si vous me touchez, je hurle ! – **12.** Si vous n'aviez pas appelé immédiatement la police, jamais je n'aurais pu récupérer mes affaires. – **13.** Si cette situation dure trop longtemps, ça peut mal finir. – **14.** S'il n'y a rien pour le 29, prenez n'importe quel autre jour entre le 27 et le 2. – **15.** Si vous aviez évité de prendre la route en même temps que tout le monde, ça ne vous serait pas arrivé. – **16.** Si je pouvais, j'aurais un autre job.

Autres moyens d'exprimer la condition et l'hypothèse

26

1. Votre pommier va reverdir **à condition que / pourvu que** vous l'arrosiez beaucoup. – **2.** Votre mari pourra éviter les médicaments **pourvu qu' / à condition qu'**il suive un régime sévère. – **3.** On te répondra **à condition que / pourvu** que tu mettes bien ton adresse au dos de l'enveloppe. – **4.** Je l'emmènerai au cinéma **à condition qu' / pourvu qu'**elle ait fini son travail avant 6 heures. – **5.** J'irai faire des courses avec toi **pourvu / à condition, bien sûr, que** tu puisses te libérer. – **6.** Mon mari te donnera volontiers un coup de main **à condition que / pourvu que** tu saches quels sont les outils nécessaires. – **7.** Tout ira bien **à condition que / pourvu qu'**elle veuille faire un effort. – **8.** Nous le suivrons **pourvu que / à condition qu'**il ait compris comment se rendre au rendez-vous.

27 *Propositions*

1. Nous arriverons à la gare à temps **à condition que tu te dépêches** un peu ! – **2.** Nous danserons jusqu'à cinq heures du matin **à condition d'être en forme**. – **3.** Il reviendra **à condition que tu fasses** quelques concessions. – **4.** Elle a accepté ce travail **à condition d'avoir** un plan de carrière. – **5.** Vous aurez des horaires plus souples **à condition que vous acceptiez** de commencer plus tôt. – **6.** Les ouvriers cesseront la grève **à condition d'être augmentés.** – **7.** Ils vous prêtent l'appartement **à condition que vous n'y ameniez pas** de chien. – **8.** Tu auras une voiture **à condition d'avoir** ton bac avec une mention.

28

1. Au cas où tu n'aurais pas assez d'argent, tu peux en demander à Grand-mère. – **2. Au cas où tu déciderais** de venir, tu trouveras la clé sous le paillasson. – **3. Au cas où il téléphonerait** pour moi, voici ce qu'il faut lui dire. – **4. Au cas où vous souhaiteriez** regarder la télévision, je vais vous montrer comment elle marche. – **5.** Les policiers ont bloqué les rues **au cas où la manifestation se dirigerait** sur l'Élysée. – **6. Au cas où Marie voudrait** rentrer plus tôt, nous allons prendre deux voitures. – **7. Au cas où elle n'aurait pas bien compris** les consignes, il vaudrait mieux les laisser par écrit. – **8. Au cas où vous ne recevriez** pas votre mandat assez tôt, je vous avancerai l'argent.

29 *Propositions*

1. Voici notre numéro de téléphone **au cas où vous auriez besoin** de nous contacter. – **2.** Prenez des contacts avec un autre employeur **au cas où les difficultés de votre patron s'aggraveraient**. – **3.** Soyez prudents sur la route **au cas où il y aurait du brouillard**. – **4.** Prends ta carte bleue **au cas où tu aurais** des **dépenses importantes imprévues.** – **5.** Ne faites pas de bruit en rentrant **au cas où Grand-père dormirait** déjà. – **6.** Rédige tout de suite ta conclusion **au cas où tu serais prise** par le temps à la fin.

30

1. Si tu n'emportes pas de chapeau, tu risques d'avoir une insolation. – **2. Si tu avais mis** un peu plus de sucre, tes fraises auraient été meilleures. – **3. Si tu y portes un peu** plus d'attention, tes résultats seront meilleurs. – **4. Si tu fais preuve de gentillesse**, tu obtiendras tout ce que tu voudras. – **5. Si vous n'ajoutiez pas** la ponctuation, ce texte serait incompréhensible. – **6. Si tu n'avais pas fait** une salade copieuse, ton repas aurait été insuffisant – **7. Si tu bordes** cette nappe avec un galon elle sera moins triste. – **8. Si tu supprimais** quelques lignes à ton devoir, il serait parfait. – **9. S'il n'avait pas reçu** l'aide de son oncle, le député, il n'aurait jamais obtenu ce poste. – **10. Si tu rallongeais** ta jupe de 5 centimètres, elle serait plus élégante.

31 *Propositions*

1. Le policier à l'automobiliste: je vous conseille de vous calmer, sinon **je vous demande de me suivre au commissariat**. – **2.** Les parents: nous essaierons de revenir avant vendredi, sinon **nous vous téléphonerons**. – **3.** La couturière: je pense pouvoir faire des manches longues, sinon **je ferai des manches trois-quarts**. – **4.** Le père d'Anne: tu rentreras avant minuit, sinon **je t'interdirai de sortir la prochaine fois**. – **5.** Le docteur au malade: il faut faire un régime, sinon **vous allez avoir des difficultés respiratoires**. – **6.** Le voisin: en juillet mon fils va essayer de travailler à la banque, sinon **il ira faire les vendanges**. – **7.** Le plombier: on peut mettre la douche dans cet angle, sinon **il faudra construire une cloison**. – **8.** La mère de Nicolas: tu t'occuperas de ton chien, sinon **je le ramène à la S.P.A.**

32

1. Je serai libre à cinq heures, **à moins qu'**au dernier moment mon patron (ne) veuille me faire taper des lettres urgentes. – **2.** Attends-moi devant la poste, **à moins qu'il** (ne) fasse trop froid. – **3.** Il ne sera pas à la réunion, **à moins d'être** prévenu aujourd'hui. – **4. À moins de** trouver un raccourci, nous ne serons jamais de retour pour le dîner à l'heure. – **5.** Nous nous reverrons donc le 28 octobre, **à moins qu'il (n')y ait** grève des trains. – **6.** Il va être obligé d'abandonner ce projet, **à moins de recevoir** une aide de la région. – **7.** Je préférerais la semaine prochaine, **à moins que cela (ne) vous dérange**. – **8.** Elle ira l'année prochaine à l'université, **à moins d'avoir raté** son bac.

33

1. En marchant trop vite, tu tomberas. – **2. En ayant réfléchi**, elle aurait trouvé la solution du problème. – **3. En mettant** un miroir sur ce mur, vous éclaircirez la pièce. – **4. En parlant** un peu plus distinctement, il se ferait mieux comprendre. – **5. En plantant un arbre** devant la terrasse, nous aurions plus d'ombre pour manger l'été. – **6. En prenant** un fortifiant, ton père retrouverait son dynamisme.

34

1. Si tu relisais plus soigneusement, tu éviterais bien des fautes. – **2. Si nous y étions allés** en voiture, nous aurions perdu moins de temps. – **3. Si tu étais** un peu plus sociable, tu te ferais des amis. – **4. Si tu traverses** ainsi, tu risques d'être renversé par une voiture. – **5. Si tu arrives** en avance, tu auras les meilleures places. – **6. Si elle avait ajouté** de la cannelle, elle aurait donné plus de goût à sa compote.

35 *Exercice de créativité*

Cause - Conséquence

22

Cause exprimée par une conjonction ou une préposition

1

1. **Comme** Patrick a fait un régime, il a changé ses habitudes alimentaires – **2. Comme** les Martinaud sont végétariens, ils ne consomment pas de protéines animales. – **3. Comme** les Achard sont devenus écologistes, ils ont changé leurs habitudes de consommation. – **4. Comme** Martin refusait de manger des produits industriels, il n'a pas pu manger à la cafétéria. – **5. Comme** sa femme avait acheté des produits surgelés, il a refusé de passer à table. – **6. Comme** les invités avaient expliqué leur régime, leur hôtesse leur a préparé un menu spécial.

2

1. Nous viendrons **puisque cela te ferait plaisir**. – **2.** Tu feras comme tu voudras **puisque tu auras 18 ans**. – **3. Puisque tu vas réussir ton permis**, tu pourras prendre la voiture. – **4.** Trouve la solution **puisque tu es le plus intelligent**. – **5.** Tu nous paies des bonbons **puisque ton papa est si riche**. – **6.** Je ne t'emmènerai pas chez eux samedi soir **puisque tu ne les aimes pas**. – **7.** Répare la machine **puisque c'est si simple !** – **8. Puisque les comiques ne te font pas rire**, je ne t'emmènerai pas au spectacle.

3

1. M. Durand ne pourra pas présider ; **en effet**, il a dû… – **2.** La réunion est annulée ; **en effet,** le comptable n'a pas pu… – **3.** Le déménagement de la bibliothèque est reporté ; **en effet**, le conseil n'a rien décidé… – **4.** L'université pourra bientôt construire de nouveaux locaux ; **en effet,** le ministère débloquera… – **5.** Le secrétaire n'a pas transmis les informations au ministre ; **en effet**, il avait oublié le dossier. – **6.** Les sections se disputent constamment ; **en effet**, chaque discipline veut… – **7.** Les deux premières années seront bientôt réorganisées ; **en effet**, le ministère projette… – **8.** La proposition du conseil a été refusée ; **en effet**, la majorité a voté contre.

4

1. **à cause du** bruit./ **à cause du** changement de travail de Jacques. – **2. à cause de** l'orage/ **à cause du** passage des promeneurs. – **3. à cause de** son incompétence/ **à cause du** mécontentement des électeurs. – **4. à cause de** leurs problèmes/**à cause du** vote de la nouvelle loi agricole. – **5. à cause de** lui/ **à cause de** l'organisation de la fête. – **6. à cause de** son manque de moyens/ **à cause de** sa femme. – **7. à cause d'**un promoteur/ **à cause de la** construction d'un centre de vacances.

5 *Exercice de créativité*

6 *Propositions*

a) **1.** c'est que la situation est critique. – **2.** c'est qu'il avait perdu ses clés.
b) **1.** S'il est parti sans rien dire à personne, **c'est qu'il ne se sentait** pas bien. – **2. Si** le gouvernement nous a caché la vérité, **c'est qu'il craignait** une explosion de colère. – **3. Si** mon mari se met en colère aussi souvent, **c'est qu'il a** un caractère de cochon ! – **4. Si** elle ne parle jamais dans les groupes **c'est qu'elle est** timide. – **5. S'il** y a des marées, **c'est que la lune attire** l'eau de mer.

7 🌿 *Propositions*
Fabien :
Ce n'est pas parce qu'ils voulaient s'en mettre plein les poches/qu'ils désiraient favoriser leur camarade/qu'ils aimaient manipuler les gens/qu'ils adoraient mentir/qu'ils étaient intéressés/qu'ils avaient besoin d'adoration etc.. qu'ils sont devenus politiciens, **c'est parce qu'ils** voulaient améliorer les conditions de vie/qu'ils désiraient faire avancer l'Europe/qu'ils s'intéressaient sincèrement à l'évolution du monde/qu'ils croyaient au progrès/qu'ils étaient dévoués aux autres/qu'ils travaillaient à la paix. Etc.
Pour Victor, inversez.

8 🌿🌿

Ce n'est pas qu'il soit trop petit, **mais** il est idiot. – **Ce n'est pas qu'il soit** inintelligent, **mais** il est trop laid. – **Ce n'est pas qu'il ne soit** pas riche, **mais** il est arrogant. – **Ce n'est pas qu'il soit** d'une famille modeste, **mais** il est incapable de travailler. – **Ce n'est pas qu'il ne soit pas** plein de qualités, **mais** il est fanatique de football. – **Ce n'est pas qu'il soit** trop beau, **mais** il est sans humour. – **Ce n'est pas qu'il soit** célèbre, **mais** il est alcoolique.

9 🌿🌿 *Propositions*
1. Ils ont été félicités **pour avoir bien joué/pour être restés** sur scène aussi longtemps. Ils ont été hués **pour avoir été** nuls. – **2.** Ils ont été applaudis **pour avoir bien parlé/pour s'être comportés** intelligemment. Ils ont été hués **pour ne rien avoir proposé** de nouveau. – **3.** Ils ont été remerciés **pour avoir fait du bon travail/pour s'être obstinés à** rechercher la vérité. Ils ont été critiqués **pour avoir écrit** de fausses informations/**pour avoir négligé** d'informer le public/**pour s'être soumis** aux ordres des puissants. – **4.** Les élèves ont été félicités **pour avoir réussi/pour avoir eu** de bons résultats/**pour s'être bien comportés.** Ils ont été punis **pour avoir été** insolents/**pour s'être mal comportés** envers un professeur.

10 🌿🌿

1. Un chauffard a été condamné à une suspension de permis d'un an **pour conduite** en état d'ivresse/**pour avoir conduit** en état d'ivresse./ **parce qu'il avait conduit** en état d'ivresse. – **2.** Un « loubard » a été condamné à six mois de prison avec sursis **pour vol** de sac à main,/ **pour avoir volé** le sac à main d'une vieille dame/**parce qu'il avait volé** le sac d'une dame. – **3.** Des jeunes ont été condamnés à huit jours avec sursis **pour bris** de cabine téléphonique/ **pour avoir brisé** les vitres d'une cabine./**parce qu'ils avaient brisé** les vitres d'une cabine. – **4.** Un meurtrier a été condamné à perpétuité **pour l'assassinat** d'un gendarme/**pour avoir tué** un gendarme/**parce qu'il avait tué** un gendarme. – **5.** Une clinique a été condamnée à indemniser un malade **pour erreur** médicale/**parce que les responsables avaient fait** une erreur médicale – **6.** Un homme politique a été légèrement condamné **pour fausses factures/ pour avoir utilisé** des fausses factures/**parce qu'il avait utilisé** de fausses factures.

11 🌿🌿

a) **1.** Ernest s'est absenté **sous prétexte que** sa femme accouchait. – **2.** René a sauté le travail **sous prétexte que** son fils avait l'appendicite. – **3.** Agnès a pris un congé **sous prétexte qu'**elle faisait une dépression. – **4.** Augustin a été absent **sous prétexte qu'il** avait une extinction de voix. – **5.** Victor s'est excusé **sous prétexte que** sa femme était hospitalisée. – **6.** Timothée a manqué trois jours **sous prétexte qu'il** avait eu un accident. – **7.** Maxime est arrivé très en retard **sous prétexte que** sa voiture ne démarrait pas. – **8.** Nathalie n'est pas venue **sous prétexte qu'**un voleur avait cassé une fenêtre pour entrer chez elle.

b) *Propositions*
1. Ils ont pris la voiture sous prétexte **qu'ils devaient faire des courses**. En réalité, **ils sont allés danser**. – **2.** Il a puni durement son fils sous prétexte **qu'il avait désobéi**. En réalité, **c'était pour embêter sa femme**. – **3.** Elles ne sont pas allées au rendez-vous sous prétexte **qu'elles avaient trop de travail**. En réalité, **elles sont allées faire des courses**. – **4.** L'éditeur a refusé le livre sous prétexte **qu'il était mauvais**. En réalité, **il est trop original pour eux**. – **5.** Il est venu à l'improviste sous prétexte **qu'il n'avait plus de sel**. En réalité, **il avait besoin de parler**. – **6.** Elle a acheté le pantalon en velours sous prétexte **qu'elle n'en avait pas**. En réalité, **elle voulait l'offrir à son amie**.

12

1. Étant donné que la pression des groupes écologistes augmente, les constructeurs automobiles améliorent leurs moteurs. Etc.
On fait une seule phrase en mettant « étant donné que » au début, une virgule à la place du point, les temps ne changent pas.

13

1. Il est impossible de téléphoner à l'étranger **en raison de** perturbations sur le réseau téléphonique. – **2.** Le président ne peut recevoir tout le monde **en raison de** ses nombreuses occupations. – **3.** Le chanteur a dû annuler sa tournée **en raison d'**une grave maladie. – **4.** Il est recommandé de ne pas prendre l'ascenseur **en raison des** coupures d'électricité. – **5.** Le directeur annule la conférence de vendredi **en raison d'**un problème à régler dans une filiale. – **6.** Nous ne pourrons livrer l'ordinateur dans les délais prévus **en raison de** difficultés techniques.

14

1. en raison de – **2.** à la suite de – **3.** du fait de – **4.** en raison des – **5.** à la suite du – **6.** en raison du – **7.** à la suite d'– **8.** du fait de.

15

a) 1. à force de ramasser des journaux et de les vendre. – **2. à force de** rendre service à des policiers et à la mafia. – **3. à force de** prêter de l'argent à un taux élevé. – **4. à force de** placer son argent. – **5. à force de** racheter des petits magasins. – **6. à force d'**exploiter ses employés.

b) à force de se désintéresser de ses affaires ; **à force de** perdre beaucoup au jeu ; **à force de** donner de l'argent à des escrocs ; **à force de** trop dépenser pour ses chevaux ; **à force de** faire de mauvais investissements ; **à force de** se brouiller avec les puissants ; **à force d'**être désagréable avec les politiciens ; **à force de** faire confiance à des avocats véreux.

16

1. Faute d'avoir noté son rendez-vous, elle l'a oublié. – **2. Faute d'avoir prévu** la concurrence étrangère, le constructeur se retrouve en faillite. – **3. Faute de s'être bien habillés,** ils ont été refoulés… – **4. Faute de nous être présentés** à l'heure, nous n'avons pas… – **5. Faute de s'être assez entraînés / faute d'entraînement**, les joueurs ont perdu… – **6. Faute de vous être décidés** à temps, vous avez perdu une belle occasion.

17

1. Vous allez vous rendre malade, **à vous faire du souci toute la journée comme ça**. – **2.** Vous allez devenir alcoolique **à boire comme ça**. – **3.** Vous allez devenir folle, **à ne jamais sortir de chez vous** comme ça – **4.** Vous allez vous blesser **à vous battre comme ça**. – **5.** Vous allez mourir d'ennui, **à rester inactives comme ça** – **6.** Vous allez vous faire des ennemis, **à critiquer tout le temps tout le monde comme ça**.

Cause exprimée par le participe présent

18

1E ; 2C ; 3A ; 4B ; 5F ; 6D.

19

1. Jacques **ayant mal au dos**, il va souvent chez le kinésithérapeute. – **2. Ayant peur de** se mouiller, il a ouvert son parapluie. – **3. Ayant perdu les clés**, nous sommes entrés par la fenêtre. – **4. Étant enrhumés**, nous n'irons pas pique-niquer.

20

1. La date de leur départ **approchant**, les enfants sont surexcités. – **2.** Le bateau **étant** minuscule, les passagers n'avaient aucune intimité. – **3.** Les crustacés **étant** très chers, elle n'en achète jamais. – **4.** Son mari **se levant** à 6 heures, elle se lève en même temps.

21

1. Les promeneurs **s'étant perdus**, ils ont passé la nuit en pleine montagne. – **2.** Les cambrioleurs **ayant laissé** des empreintes, ils ont été arrêtés rapidement. – **3.** Ma sœur **ne s'étant pas mariée**, elle n'a pas d'enfants. – **4.** Papa **n'étant pas parti** en vacances, il a mauvaise mine.

22

1. Ses parents **lui ayant fait** des reproches, elle est… – **2.** Le coût de la vie **ayant augmenté**, les Français… – **3.** La marée noire **ayant sali** les…, les touristes… – **4.** Son amie **n'étant pas arrivée** à l'heure, le jeune homme…

Cause exprimée par faire + infinitif
ou rendre + adjectif

23 *Exercice de créativité*

Synthèse

24 *Propositions*

1. La rivière **ayant monté**, nous avons dû déplanter la tente./**Comme** la rivière avait monté, nous avons dû…/**À cause de** la montée de la rivière, nous avons dû… – **2. Ne s'étant pas rasé,** il ressemblait à un évadé de prison./Il ressemblait à un évadé de prison, **en effet/car** il ne s'était pas rasé. – **3.** Les informaticiens **améliorant** les ordinateurs, ceux-ci deviennent de plus en plus, facile à utiliser./**Grâce aux** améliorations apportées aux ordinateurs par les informaticiens, ils deviennent de plus en plus facile à utiliser. – **4. S'étant dépêchés** pour attraper le train, ils sont essoufflés. – **5. N'ayant pas répondu** correctement à l'examinateur, elle a eu une mauvaise note./Elle a eu une mauvaise note **pour ne pas avoir répondu** correctement… – **6.** L'orage **s'éloignant,** les piétons sortent de leurs abris./**Comme** l'orage s'éloigne, les piétons sortent…/Les piétons sortent de leurs abris, **puisque** l'orage s'éloigne. – **7. Ayant reçu** de mauvaises nouvelles, Paul est effondré./Paul est effondré, **en effet**, il a reçu de mauvaises nouvelles. – **8. Ne s'étant pas levé** à temps, Marc va probablement rater l'avion…/**Comme** Marc ne s'est pas levé à temps, il va probablement rater l'avion…

25 ♣♣ *Propositions*

1. **À cause de** ses yeux de myosotis. – **2. Ne trouvant** aucun travail. – **3. Pour excès de** vitesse. **4. Comme** c'était un garçon. – **5. En effet**, il devenait insupportable. – **6. En raison d'**une grève des aiguilleurs du ciel. – **7. Étant très coquette** et très belle. – **8. Car** il n'y a que l'argent qui l'intéresse. – **9. En effet,** c'est un philosophe. – **10. À la suite du** hold-up du train postal. – **11. Pensant** me faire plaisir. – **12. Car** on leur avait raconté que tout y était merveilleux. – **13. À la suite d'un** accident de ses compagnons. – **14. Comme** les routes étaient coupées. – **15. En raison de** ses nombreuses blessures. – **16. En raison des** travaux. – **17. À cause de son habileté politique.** – **18. Comme il adore être servi.** – **19. Étant** donné que vous avez un gros découvert. – **20. Sous prétexte qu'il** avait un train urgent. – **21. À cause des** campagnes de prévention – **22. Parce qu'**il ne fait jamais de gros efforts. – **23. En effet**, nous détestons les fast-food. – **24. Parce que** vous ne remplissez pas les conditions nécessaires. – **25. Puisqu'ils** n'avaient pas payé à temps. – **26. Car** elle ne supporte pas l'inconfort. – **27. À force d'insistance** auprès des rédactions. – **28. Faute d'avoir été** souvent malades. – **29. Pour cause de** maladie. – **30. Puisque** c'est comme ça.

Cause et formes d'intensité

26 ♣♣♣

1. Il boit **d'autant moins qu'il** conduit. – **2.** Il parlait **d'autant moins que** sa femme parlait pour deux. – **3.** Elle dépensait **d'autant moins que** son mari était au chômage. – **4.** Ils ont **d'autant moins marché que** les enfants étaient fatigués.

27 ♣♣♣

1. Il se fâche **d'autant plus qu'**on l'énerve. – **2.** Il voyage **d'autant plus que** sa femme ne veut plus le voir. – **3.** Il sortait **d'autant plus qu'il** était triste. – **4.** Elles écrivaient **d'autant plus qu'**elles étaient à l'étranger.

28 ♣♣♣

1. Il joue **d'autant mieux qu'**il vient de trouver une nouvelle fiancée… Etc.
Il suffit d'ajouter « il joue d'autant mieux que » devant la phrase proposée à l'exercice.

29 ♣♣♣

Même remarque :
Il a **d'autant moins bien joué avant-hier que…** + *phrases de l'exercice.*

30 ♣♣♣

a) **1.** Loïc a parlé **d'autant moins gentiment qu'il** venait d'apprendre une mauvaise nouvelle. – **2.** La mère de famille a conduit **d'autant moins rapidement que** la route était encombrée.
b) **3.** L'employé a répondu d'autant moins poliment que **le client était agressif.** – **4.** D'autant moins habilement que **son père lui disait de faire attention.** – **5.** Ils ont discuté d'autant moins fort qu'**ils savaient qu'on les écoutait.** – **6.** Elle a répondu d'autant moins clairement que **l'inspecteur les terrorisait.** – **7.** La star du rock a chanté d'autant moins bien que **le public sifflait.**

31 ♣♣♣

1. La catastrophe a été **d'autant plus grande que** le bateau était exceptionnellement plein. – **2.** L'acteur est **d'autant plus nul que** le public est difficile. – **3.** Les marcheurs étaient **d'autant plus fatigués que** la chaleur était écrasante. – **4.** Il sera **d'autant plus heureux de** vous voir **que** c'est le jour de son anniversaire. – **5.** La situation devenait **d'autant plus inquiétante que** l'armée menaçait d'intervenir. – **6.** Les malades étaient **d'autant plus satisfaits de** leur séjour à l'hôpital **qu'**ils avaient rencontré des médecins particulièrement humains.

32 *Propositions*
1. Il est d'autant plus généreux qu'il est heureux/qu'il vient de gagner à la loterie. – **2.** Ils comprennent d'autant plus vite que le professeur est bon/qu'il explique patiemment. – **3.** Les ouvriers travaillent d'autant moins qu'ils sont mal payés/qu'ils ont de mauvaises conditions de travail. – **4.** Je comprends d'autant mieux qu'on m'explique longtemps/que les explications sont claires et précises. – **5.** Il faudra dépenser d'autant plus d'argent qu'on n'a pas prévu un budget suffisant au bon moment/que toutes les fournitures viennent d'augmenter. – **6.** Ils ont d'autant moins ri qu'ils connaissaient déjà l'histoire./qu'ils n'ont pas bien compris ce qui se passait. – **7.** Elles ont joué d'autant moins efficacement qu'elles étaient fatiguées/qu'il faisait froid. – **8.** Elles se sont d'autant moins fatiguées qu'elles savaient qu'elles allaient perdre/qu'elles prévoyaient le résultat. – **9.** Ils ont mangé d'autant mieux que c'était un repas exceptionnel./que toute la famille était là. – **10.** Ils se sont d'autant mieux tenus que leur père avait exigé qu'ils soient polis. – **11.** Nous avons d'autant plus profité de la plage/Nous avons d'autant moins fait attention que nous savions que c'était la dernière fois – **12.** Les élèves ont d'autant mieux répondu/Les élèves ont été d'autant plus sages que l'inspecteur était dans la classe. – **13.** La terre était d'autant plus sèche/Les récoltes étaient d'autant moins bonnes qu'il n'avait pas plu depuis trois mois. – **14.** Le public était d'autant plus enthousiaste/Les musiciens étaient d'autant moins contents que le chanteur est resté sur scène une heure de plus. – **15.** Les passagers étaient d'autant moins satisfaits/Les passagers étaient d'autant plus surpris que la compagnie ne les avait pas informés du changement de destination.

Conséquence exprimée par une préposition, une conjonction ou d'autres expressions

33
a) 1. Grand-père a un peu trop bu, **alors** il a le foie un peu fatigué. – **2.** Le temps est vraiment épouvantable, **alors** nous emmènerons les enfants au cinéma. – **3.** Sa banque n'a pas voulu lui faire crédit, **alors** Jérôme a dû emprunter à ses amis. – **4.** La manifestation bloquait le centre ville, **alors** le taxi a pris le périphérique.
b) *Propositions*
1. il est interdit de passer en voiture. – **2.** il ne peut plus partir en vacances. – **3.** nous sommes inquiets. – **4.** nous n'avons pas pu entrer au musée.

34
a) 1. J'ai mal au dos, **donc** je ne peux pas t'aider à porter le piano. – **2.** C'est lui le chef, **donc** c'est lui qui décide. – **3.** Le feu est rouge, **donc** il ne faut pas avancer. – **4.** J'avais cassé mes lunettes, **donc** je n'ai pas pu aller au cinéma.
b) 1. donc il n'en mange jamais. – **2.** donc nous ne sortons plus. – **3.** donc ils prendront le suivant. – **4.** donc prenez un rendez-vous plus tard.

35
a) 1. résultat, il a une belle crise de foie. – **2.** résultat, on est partis à midi. – **3.** total, il est toujours malade. – **4.** conclusion, elle a recommencé au même rythme qu'avant.
b) *Propositions*
1. Marianne a refusé d'aller au bal avec Marc, puis avec Alain parce qu'elle préférait y aller avec Sylvain; mais Sylvain ne l'a pas invitée – **2.** Ils n'ont pas mis de crème solaire, pour

bronzer plus vite, puis ils se sont endormis sur la plage – **3.** Elle portait son argent et ses papiers, ses chèques de voyage et sa carte bleue dans le même sac et il est tombé à l'eau dans le port – **4.** Ils étaient partis avec des chaussures légères pour une petite promenade en montagne, mais ils ont perdu leur chemin.

36

1. Au Japon, les gens ne s'embrassent pas dans la rue, **c'est pourquoi** les Japonais sont choqués quand ils voient des amoureux s'embrasser dans la rue. – **2.** Aux USA, on ne se fait pas la bise, **c'est pourquoi** les Américains sont surpris par les « bises » françaises. – **3.** Les Espagnols dînent très tard, **c'est pourquoi** ils n'aiment pas dîner à l'heure française. – **4.** Les Américains du Sud font très souvent la fête, **c'est pourquoi** ils trouvent les Français sinistres.

37

a) **1.** du coup nous avons entendu un concert de hurlement. – **2.** du coup le calme est revenu. – **3.** du coup les professeurs ont revendiqué. – **4.** du coup ils ont tous été punis.
b) **1.** du coup le policier lui a mis une amende. – **2.** du coup nous avons mangé des pâtes. – **3.** du coup tout est à recommencer. – **4.** du coup elle ira dans le midi.

38

1. Les éboueurs n'ont pas ramassé les ordures, **de sorte que** la ville ressemble à une gigantesque poubelle. – **2.** J'aurai quelques jours de libre fin mai, **de sorte que** nous pourrons nous rencontrer à ce moment là. – **3.** Sa jeunesse avait été formidable, **de sorte qu'il** restait nostalgique de cette période-là. – **4. de sorte que** j'ai eu l'air ridicule. – **5. de sorte** qu'il a été licencié. – **6. de sorte que** je peux arrêter de travailler.

39

1. Les promeneurs avaient oublié le panier de pique-nique, **si bien qu'ils** ont dû se passer de manger. – **2.** Le voilier avait été mal ancré, **si bien qu'il** est allé heurter les rochers. – **3.** Il a fait moins dix la nuit dernière, **si bien que** toutes les fleurs ont gelé. – **4.** La mer est très agitée, **si bien que** la baignade est interdite. – **5.** Un chalutier a envoyé un appel de détresse, **si bien que** les sauveteurs sont partis en pleine nuit. – **6.** Le jeune homme fait une performance sur la piste, **si bien que** toute la discothèque le regarde avec fascination.

40 *Propositions*

1. de sorte que la terre est sèche/**de sorte** que les récoltes meurent/**de sorte** qu'il y a de nombreux incendies de forêt – **2. si bien que** les toits s'envolent/**si bien que** des arbres tombent/**si bien que** les routes sont impraticables/**si bien que** la mer est déchaînée. – **3. de sorte que** les routes sont coupées/**de sorte que** les rivières débordent/**de sorte que** les maisons sont inondées. – **4. si bien que** l'eau gèle dans les canalisations/**si bien que** de nombreuses personnes ont des problèmes de chauffage. – **5. de sorte que** la température devient insupportable/**de sorte que** les personnes âgées et les bébés sont en danger/**de sorte qu'**il est très difficile de travailler.

41

a) *(Juxtaposition)* du coup ; donc ; par conséquent ; alors ; c'est pourquoi.
b) *Exercice de créativité*

42 *Propositions*

1. de sorte qu'il a attrapé une pneumonie. – **2. alors**, il s'est fâché. – **3. Résultat** : les chiffres de production sont faibles. – **4. de sorte que** les villes sont de plus en plus désagréables. – **5. alors,** ils n'ont pas pu aller très loin. – **6. c'est pourquoi** il ne sait rien faire tout seul.

43

1. Il y a eu une fuite dans la centrale nucléaire du Tricastin, **d'où le déclenchement** du plan ORSEC (Secours d'urgence et d'évacuation). – **2.** Monsieur Michoud a rendu de grands services à ses supérieurs, **d'où sa promotion** au rang de chef de service. – **3.** Cet enfant porte des vêtements démodés, **d'où les moqueries** de ses petits camarades. – **4.** Son travail ne l'intéresse plus beaucoup, **d'où sa décision** de se reconvertir. – **5.** Cette station est devenue brusquement à la mode, **d'où la multiplication** des constructions en bord de mer. – **6.** Les trafiquants de drogue ont des appuis politiques, **d'où l'accélération** actuelle du trafic.

44

1. Je ne peux pas sortir en public **sans être agressée / sans que cela déclenche** une émeute – **2.** Je ne peux pas me promener dans la rue **sans être interpellée** par des inconnus / **sans qu'on me demande** des autographes. – **3.** Je ne peux pas sortir sans maquillage / **sans recevoir** des remarques désagréables / **sans qu'on me dise** que j'ai vieilli. – **4.** Je ne peux pas accepter d'interview **sans qu'on me pose** 10 000 questions idiotes / **sans devoir faire faire** des réponses idiotes. – **5.** Je ne peux pas aller au restaurant avec un copain **sans être prise** en photo / **sans que la presse publie** des mensonges en première page. – **6.** Je ne peux pas rencontrer une rivale plus jeune **sans craindre qu'elle prenne** ma place / **sans qu'on me fasse** remarquer sa beauté.

45

1. Il n'y a pas assez de subventions, **par conséquent** les locaux sont dégradés. – **2.** Les étudiants sont trop nombreux, **par conséquent** les amphithéâtres sont surpeuplés. – **3.** Les créations de poste sont insuffisantes, **par conséquent** les enseignants sont surchargés. – **4.** On n'apprend pas suffisamment à apprendre, **par conséquent** les abandons sont massifs. – **5.** Les étudiants sont mal orientés, **par conséquent** le taux d'échec est élevé. – **6.** Les contenus sont démodés, **par conséquent** l'université prépare mal au monde du travail.

46

1. Une urgence vient d'arriver au bloc opératoire, **aussi le chirurgien chef ne pourra-t-il** pas partir en week-end. – **2.** La guerre venait d'éclater, **aussi le président a-t-il écourté** son voyage officiel en Tunisie. – **3.** Le spectacle était complet depuis des mois, **aussi de nombreux spectateurs n'ont-ils pas pu** voir *Starmania*. – **4.** Aucun taxi n'était en vue, **aussi le groupe** d'hommes d'affaires japonais **est-il parti** à pied. – **5.** Le 10 Mai est jour de grève nationale à la SNCF, **aussi aucun train ne devra-t-il** fonctionner ce jour-là. – **6.** La plupart des habitants sont partis en week-end prolongé, **aussi la ville est-elle** presque déserte.

47

1. d'où la nécessité d'un remaniement ministériel. – **2.** alors il va falloir en acheter d'autres. – **3.** si bien que les rivières montent dangereusement. – **4.** c'est pourquoi il n'y a aucune maison ancienne. – **5.** … il en a voulu une aussi. – **6.** résultat : la salle de bains est totalement inondée. – **7.** par conséquent il vous faudra attendre. – **8.** du coup il a décidé de partir en Tunisie. – **9.** de sorte que la température est intolérable. – **10.** sans crier au secours. – **11.** les gardiens le repèrent. – **12.** les examinateurs ont-il mis de nombreuses mentions.

Conséquence et forme d'intensité

48

a) 1. Ils s'adorent **à tel point qu'ils/au point qu'ils** ne se quittent jamais/**au point de** ne jamais se quitter. – **2.** Ils ont couru comme des fous **à tel point qu'ils** ont eu des courbatures./ **au point d'avoir** des courbatures… – **3.** Nous avons dépensé des fortunes **au point que** nous n'avons plus un sou sur notre compte/**au point de** ne plus avoir un sou. – **4.** Le frère et la sœur étaient fâchés l'un contre l'autre **au point qu'ils/à tel point qu'ils** ne se parlaient plus/**au point de ne plus se parler**. – **5.** Il a neigé **à tel point que** toutes les routes étaient glissantes.

b) 1. Le président était furieux contre ses ministres **au point de vouloir** changer le gouvernement. – **2.** La tempête ébranlait la maison **au point de casser** portes et fenêtres. – **3.** Patrice est maniaque pour le rangement, **au point de ne pas supporter** le plus petit désordre. – **4.** Annie a parlé **au point d'avoir** une extinction de voix/**à tel point qu'**elle a… – **5.** Il est resté immobile pendant des heures **au point d'avoir** des crampes dans les jambes.

49

1. Il avait **tellement/si faim qu'il** s'est jeté sur la nourriture. – **2.** L'enfant avait **tellement/si peur du noir qu'il** s'est mis à hurler. – **3.** Ils avaient **tellement sommeil qu'ils ne pouvaient** pas garder les yeux ouverts. – **4.** Nous avons **tellement envie de visiter** le désert **que** nous accepterons de prendre quelques risques. – **5.** Ils ont eu **si/tellement froid que** leurs orteils ont gelé.

50

1. Marcel a avalé ses spaghettis **tellement/si vite qu'**il s'est étouffé. – **2.** Nous nous sommes disputés **tellement/si violemment que** nous nous sommes séparés fâchés. – **3.** Ma sœur coud **si adroitement qu'on** croit qu'elle est couturière professionnelle. – **4.** Il la regarde **tellement/si amoureusement qu'on** devine qu'il est fou d'elle. – **5.** Il a agi **si/tellement professionnellement qu'o**n pourrait croire qu'il a vingt ans d'expérience.

51

1. Christian a **tellement/tant aidé Nasser que** celui-ci fera tout pour lui rendre la pareille. – **2.** Sarah a **tant/tellement lu hier qu'elle** avait mal aux yeux. – **3.** Annie **a tellement/tant attendu Mourad que** sa patience est à bout. – **4.** Les clients protestaient **tant/tellement que la cafétéria est restée** ouverte plus tard que d'habitude. – **5.** Nous avons **tellement/tant apprécié votre visite que** nous serions heureux que vous reveniez nous voir. – **6.** Charles a **tant/tellement de dettes qu'**il travaille tous les samedis pour gagner de l'argent.

52

1. Il a eu **tellement/tant de difficultés** dans sa famille qu'il ne sait toujours pas lire. – **2.** Il avait commis **tant/tellement d'infractions** au code de la route qu'on lui a retiré son permis. – **3.** Thierry prend **tant/tellement d'initiatives que** son patron est mécontent. – **4.** Il a eu **tellement/tant d'accidents que** sa compagnie d'assurances ne veut plus de lui. – **5.** Il avait **tellement/tant d'amis qu'**il n'avait pas le temps de les voir tous.

53 *Propositions*

1. qu'ils n'ont pas écouté le guide. – **2.** l'ennemi les a vaincus sans problème. – **3.** qu'on ne pouvait même pas voir les tableaux. **4.** que tout le monde a été surpris – **5.** que nous sommes impatients de le rencontrer. – **6.** qu'ils n'ont plus besoin de se parler. – **7.** Il dit tant de mensonges qu'il – **8.** C'était si difficile à réaliser qu'on – **9.** Ils sont tellement énervés qu'il – **10.** Il y avait tant de fumée que – **11.** J'ai été si surprise que – **12.** Le vent soufflait tellement fort que.

54
1. Elle est **trop mignonne pour rester** longtemps célibataire. – **2.** Ils **sont trop âgés pour pouvoir** faire cette excursion. – **3.** Ils ont été **assez malins pour ne pas laisser** d'indices. – **4.** Il n'est pas **assez intelligent pour deviner.** – **5.** Ils n'ont pas été **assez drôles pour faire** rire le public. – **6.** Ils sont **assez malins pour se cacher** le temps nécessaire.

55
a) 1. Ils sont **assez dynamiques pour qu'on n'ait** pas besoin de les encadrer tout le temps. – **2.** Elle est **trop belle pour que les hommes osent** lui parler – **3.** La maison n'était **pas assez grande pour que les propriétaires puissent** inviter des amis. – **4.** Ces vêtements ne sont **plus assez élégants pour que tante Sophie veuille** les garder.
b) *Propositions*
1. Elle est assez originale pour qu'on – **2.** Cet objet n'est pas assez tentant pour que – **3.** Paul est trop timide pour que – **4.** Il n'est pas assez généreux pour qu'on.

56
a) 1. Il ne s'est pas **assez entraîné pour gagner.** – **2.** Elle travaille **trop pour avoir** le temps de s'occuper de ses enfants – **3.** Ils vendaient **trop peu pour être** à l'aise. – **4.** Elles bavardaient **trop pour dire** tout le temps des choses intelligentes.
b) 1. Elles se sont **trop surmenées pour que** l'idée de ce voyage leur **plaise.** – **2.** Ils n'ont pas **assez préparé la fête pour que** les acheteurs se déplacent nombreux. – **3.** Ils se sont **trop peu expliqués pour que** le peuple leur **fasse** confiance. – **4.** Ils ont **assez travaillé pour qu'on** leur accorde une journée de repos.

57
a) 1. Ces gens ont **trop d'orgueil pour qu'il soit** possible de les aider. – **2.** Le patron dispose de **trop peu de temps pour que vous puissiez** lui parler. – **3.** Les enfants possèdent **assez de jouets pour que nous ne fassions** pas de gros cadeaux demain. – **4.** Cet homme ne mange pas **assez de crustacés pour que ce soit** la cause de sa maladie.
b) 1. Ces gens donnent **trop d'argent pour être** avares. – **2.** Pierre a **assez d'amis pour ne pas rester** seul le dimanche. – **3.** Marie a **trop de robes pour pouvoir** les porter toutes. – **4.** Ce médecin a **trop peu de malades pour gagner** correctement sa vie.

58
a) 1. Il travaille **trop lentement pour finir** à temps. – **2.** Elle ne chante **pas assez bien pour obtenir** le rôle. – **3.** Il reçoit **trop peu aimablement pour avoir** beaucoup de clients – **4.** Elles l'ont demandé **assez gentiment pour l'obtenir.**
b) 1. Elle parle **trop doucement pour qu'on la comprenne.** – **2.** Il s'est comporté **trop peu gentiment pour qu'on l'apprécie.** – **3.** Il n'écrit **pas assez soigneusement pour que** la maîtresse lui **donne** une bonne note. – **4.** Elle **fait trop mal le ménage pour que** sa patronne la **garde.**

59 *Propositions*
Madame *À qui tout réussit*:
Elle est trop gentille pour qu'on ne l'aime pas./Elle pense assez aux autres pour qu'ils aient envie de lui rendre service./Elle parle assez diplomatiquement pour qu'on la respecte./Elle travaille trop bien pour ne pas avoir de succès. Etc.

Monsieur *Qui travaille tout le temps* :
Il travaille trop pour avoir du temps libre. Il est assez efficace pour faire le travail de deux personnes. Il passe trop peu de temps à s'amuser pour connaître les bonnes choses de la vie. Il ne consacre pas assez de temps à sa vie privée pour avoir une famille. Etc.

60
Exercice de créativité

Cause / conséquence exprimées par des conjonctions, des prépositions ou d'autres expressions

61

1	2	3	4	5	6	7	8	9	10	11
K	H	I	J	A	B	C	G	D	F	E

62

1	2	3	4	5	6	7	8	9	10	11	12
C	D	E	B	A	G	H	F	L	K	I	J

63

1	2	3	4	5	6	7	8	9	10	11	12
J	H	D	C	I	G	B	A	F	L	K	E

64 *Propositions*

1. – Les Françaises font plus d'enfants que beaucoup d'autres Européennes **alors/si bien que/c'est pourquoi**/le taux de natalité se maintient/**aussi** le taux de natalité **se maintient-il.** / Les Françaises **faisant** plus d'enfants que les Européennes, le taux de natalité se maintient.

2. – **Comme** il n'aimait pas la choucroute de sa femme, il l'a étranglée avec un chapelet de saucisses./Il aimait **si peu** la choucroute de sa femme **qu'**il l'a étranglée avec un chapelet. /Il a étranglé sa femme avec un… **parce qu'/sous prétexte qu'/en effet**/il n'aimait pas sa choucroute.

3. – Pierre Alonso avait volé la voiture d'un juge **de sorte qu'/c'est pourquoi/alors**/il a été condamné à/**aussi a-t-il été condamné** à être le chauffeur de… La condamnation de PA à être le chauffeur… **est la conséquence/le résultat**/de son vol de la voiture./PA a été condamné à… **pour avoir volé** la voiture d'un…

4. – Raoul Ducasse veut créer une entreprise de… **par conséquent/c'est pourquoi/alors/ de sorte que/donc/c'est pour cela que**/tout le monde est décidé à le soutenir./**C'est parce que** RD veut créer une entreprise de… **que** tout le monde est décidé à…

5. – **À cause d'**une avalanche déclenchée par des skieurs, deux d'entre eux sont morts et la route… est coupée./Des skieurs ont déclenché une avalanche **ce qui a provoqué/provoquant**/la mort de deux d'entre eux…

6. – **À cause du** mauvais temps, des pluies et des orages un avion s'est écrasé… ne laissant aucun survivant./Le mauvais temps, les pluies et les orages **sont à l'origine de** la chute d'un avion de tourisme…/**Si** un avion… s'est écrasé… **c'est à cause du** mauvais temps…

7. – Les TGV Paris-Marseille ont été multipliés, **c'est pourquoi** les prix de l'immobilier… ont

explosé/**faisant** exploser les prix de…/**C'est à cause de** la multiplication des TGV… **que** les prix de… ont explosé…/L'explosion des prix… **est due à** la multiplication des TGV…
8. – **En raison d'**/**à cause d'**/une alerte à la bombe… le trafic a été suspendu…/Une alerte à la bombe… **est à l'origine de** la suspension du trafic…/Si le trafic… a été suspendu… **c'est parce qu'il** y a eu une alerte à…
9. – **Comme** elle s'ennuyait… elle a préféré retourner au bureau./Elle s'ennuyait **tellement** pendant les vacances… **qu'**elle a préféré…
10. – **Comme**/**étant donné**/**vu que**/il a grêlé… les cultures sont ravagées./Il a énormément grêlé… **c'est pourquoi**/**par conséquent**/**résultat**/les cultures sont ravagées

65 🌳🌳 *Exercice de reformulation*

Cause / conséquence exprimées par des expressions verbales

66 🌳🌳

a) **1.** et **2.** = *phrases ayant le même sens*.
3. et **4.** = *reformulation* : La panique des gens dans le métro **a été causée par** une bagarre parmi les bandes.
b) **3.** et **4.** = *phrases ayant le même sens*.
1. et **2.** = *reformulations* : **1.** La mort du conducteur **a été causée par** le déraillement du train. – **2.** Le déraillement du train **a causé** la mort du conducteur.

67 🌳🌳 *Propositions*
Deux chiens se sont disputés au milieu de la rue, **ce qui a provoqué** un attroupement. – Le passage d'un cortège officiel **est la cause d'**un embouteillage au centre ville. – Il y a eu un hold-up, **ce qui a provoqué** la panique des passants. – L'explosion d'une bouteille de gaz **a causé** la destruction d'un immeuble. – Un défilé de majorettes **a provoqué** les applaudissements des badauds. – Un chauffard qui remontait une rue en sens unique **est la cause d'**accidents en série. – Le début des travaux du périphérique **provoque** l'exaspération des automobilistes. – Un motard traversant la ville à **minuit a causé** le réveil de milliers de personnes. – Un début d'incendie dans un grand magasin **a entraîné** l'intervention des pompiers. – Un orage monstrueux s'est abattu sur la ville, **ce qui a causé** une inondation.

Synthèse

68 🌳🌳 *Il est impossible de donner des corrections détaillées pour tous les paragraphes : les combinaisons possibles sont trop nombreuses. Avant de faire le travail, il faut bien étudier les exemples proposés.*

69 🌳 *Exercice de créativité à faire en groupe dans la classe*

Le but

23

1

a) **1.** Il a acheté toutes ces roses **pour/afin de** lui faire plaisir. – **2. pour/afin d'**apprendre la peinture. – **3. pour/afin d'**acheter sa maison.
b) **1. pour/afin de ne pas faire** de bruit. – **2.** … **pour/afin de ne plus** nous fâcher. – **3. pour/afin de ne rien** toucher. – **4. pour/afin de ne jamais** lui faire de cadeau.
c) **1. pour/afin de ne pas** le vexer/le ménager. – **2. pour/afin de** leur plaire/ne pas leur déplaire. – **3. pour:/afin de** les présenter. – **4. pour/afin de ne jamais** revenir/partir définitivement. – **5. pour/afin de ne pas** y retourner/rester ici. – **6. pour/afin de ne jamais** en manger/m'en passer.

2

1. pour que nous mangions dehors. – **2. afin qu'ils ne puissent** pas entrer. – **3. pour qu'ils soient** au premier rang. – **4. afin qu'ils n'y aillent** pas. – **5. pour qu'ils ne se perdent** pas. – **6. afin que je le rencontre**. – **7. pour qu'ils n'en fassent** pas. – **8. pour qu'il rentre** ! (*avec prier, on utilise de préférence pour que*).

3

1. histoire de faire comme tout le monde, de voir les copains – **2.** histoire de prendre l'air, de boire un verre, de me changer les idées… – **3.** histoire de sortir un peu, de respirer du bon air, de se dégourdir les jambes. – **4.** histoire de nous amuser, de lui faire un peu peur. – **5.** histoire d'aller dans une discothèque, de promener leurs copines. – **6.** histoire de se faire un petit plaisir, d'oublier les ennuis du bureau. – **7.** – histoire de se relaxer, de se reposer. – **8.** – histoire d'oublier un peu, de se changer les idées. – **9.** – histoire de nous détendre, de rire un bon coup, de passer un bon moment.

4

1. de peur (de crainte) qu'il dépense trop/ de crainte (de peur) de dépenser trop. – **2.** de peur (de crainte) qu'ils aient des problèmes/de crainte (de peur) d'avoir des problèmes. – **3.** de peur (de crainte) qu'ils s'ennuient/de crainte (de peur) de m'ennuyer. – **4.** de peur qu'ils se salissent/de crainte de se salir. – **5.** de crainte qu'il se noie/de peur de nous noyer.

5 *Propositions*

1. en vue d'espionner les conversations. – **2.** en vue de leur plaire/d'obtenir une promotion. – **3.** en vue de s'évader. – **4.** en vue de passer un an en mission dans l'espace.

6

1. En vue du réaménagement du centre-ville, les travaux commenceront en avril. – **2.** Le gouvernement a commencé à prendre des mesures **en vue de la protection** du littoral. – **3.** Il a commencé sa campagne électorale **en vue de sa réélection**. – **4.** Elle réduisait ses autres dépenses **en vue de l'achat d'**un ordinateur.

7

1. Nous commencerons à examiner les catalogues **en vue de voyager** en Asie cet été/**en vue d'un voyage** en Asie cet été. – **2.** Il a préparé ses bagages **en vue de séjourner** six mois au Pôle Nord/**en vue de son séjour** de six mois au Pôle Nord. – **3.** Cet employé accumule les heures supplémentaires **en vue d'acheter** une voiture à sa fille/**en vue de l'achat d'**une voiture pour sa fille. – **4.** Les services municipaux annonçaient des coupures de gaz

en vue de tester les canalisations. – **5.** Les Dupont déménageront cet été **en vue de se rapprocher** de la mer. – **6.** Vous avez commencé à discuter avec vos concurrents **en vue de revendre** votre petit commerce/**en vue de la revente** de votre petit commerce.

8

1. Tu as peut-être raison… Peut-être qu'il les voit **dans le but de créer** sa propre entreprise. – **2.** Première nouvelle ! Je ne pense vraiment pas qu'elle économise **dans le but de se paye**r une résidence secondaire. – **3.** Mais, voyons, pas du tout ! Je ne l'ai pas fait **dans le but de vous rendre** ridicule. – **4.** Mais enfin, tu délires ! Il ne l'a sûrement pas fait **dans le but de te tuer**. – **5.** Non, je ne crois pas qu'elle s'habille bizarrement **dans le but de se rendre** intéressante.

9

1. de manière (de façon) qu'ils soient constamment occupés/ **de façon (de manière) à être** constamment occupé. – **2. de façon (de manière) qu'elle puisse** voir le paysage/**de manière (de façon) à pouvoir** voir le feu d'artifice. – **3. de manière (de façon) qu'on ne s'assoit** pas dessus/**de façon (de manière) à s'asseoir** sans gêner personne. – **4. de manière (de façon) qu'il s'en aille** le plus vite possible/**de façon (de manière) à partir** discrètement tout à l'heure.

10

1. de façon qu'il soit parfait/ de manière à modifier un détail. – **2.** de manière que celui-ci la suive/de façon à le stimuler. – **3.** de façon qu'ils n'entendent rien/ de manière à rester discret. – **4.** de manière que celle-ci puisse faire la piqûre/de façon à recevoir. – **5.** de manière qu'ils aient tout le temps de discuter/ de manière à être disponible à son retour.

11

1. Revenez demain, que je vous fasse votre carte. – **2.** Viens dans mes bras, que je t'embrasse. – **3.** Viens plus près, que je te voie un peu mieux. – **4.** Répète encore une fois, que je comprenne. – **5.** Restons un peu plus, qu'on en termine. Terminons ce soir, que ce soit fait. – **6.** Poussez-vous un peu, que je m'abrite.

Synthèse

12 *Proposition. Seul le mode est obligatoire.*

1. de façon qu'ils réussissent à l'école. – **2. pour ne pas avoir** l'air vulgaire. – **3. afin de mieux les aider**. – **4. de façon à ne pas faire** de peine. – **5. pour que les malades puissent** avoir des transfusions. – **6. de peur de se faire** remarquer. – **7. de manière à aider** ma mère. – **8. de crainte que ce soit** un mauvais moment. – **9. afin qu'ils profitent** de leurs petits-enfants. – **10. pour qu'on ne remarque** pas trop sa pauvreté. – **11. en vue de devenir** technicien. – **12. de crainte qu'il pleure**.

13 *Propositions*

1. afin de ne pas nous réveiller/**pour qu'on** ne t'entende pas/**de peur de (de crainte de)** réveiller le bébé. – **2. pour qu'il** vérifie l'état de mes dents/**de manière à** savoir si tout va bien/**de peur d'avoir** des caries. – **3. de manière à obtenir** des précisions/ **pour qu'il fournisse** des détails supplémentaires/**de peur d'avoir** mal compris. – **4. de façon à guérir** rapidement/**de manière que cela ne l'empêche** pas de partir en voyage d'affaires/**de crainte de rater** un gros contrat. – **5. de crainte de** ne rien trouver sur place/**afin qu'on la trouve** très élégante/**de peur que** personne ne la remarque sans vêtements chics. – **6. de manière qu'ils aient** tout ce qu'il leur faut/**afin de les envoyer** en vacances/**de crainte de ne**

pouvoir les élever correctement. – **7. dans le but de** ne pas être punis/**afin qu'on ne s'aperçoive** de rien/**de peur d'être** privés de dessert. – **8. de crainte de la répression**/**afin que nous terminions** nos devoirs/**pour faire** plaisir à papa. – **9. en vue de l'achat** d'un voilier/**dans le but de** payer les études de ses enfants/**pour ne pas risquer** un découvert à la banque. – **10. afin de montrer** qu'ils savaient ce qu'ils faisaient/**de crainte de nous ennuyer**. – **11. en vue d'**avoir un grand nombre de bonnes notes/**de façon à être** compris de tous/**de manière que** tous les candidats aient leur chance. – **12. de crainte qu'ils la mettent** à la porte/**afin de** ne pas les décevoir.

14 *Exercice de créativité*

15
1. **l'objectif est de** désenclaver le massif. *(+ infinitif)*
2. une association qui **a pour but de d'aider** *(+ infinitif)*
3. **pour que** les autorités tiennent *(+ subjonctif)*
4. **afin que** les consommateurs aient *(+ subjonctif)*/**il est destiné à** *(infinitif)*
5. l'association qui **vise à** redynamiser *(+ infinitif)*
6. **définir ses priorités**/**il prévoit de miser** *(+ infinitif)*
7. **pour** encourager *(+ infinitif)*/celle-ci **a l'ambition de** restaurer *(+ infinitif)*
8. qui **auront pour mission de** + infinitif/de crainte qu'ils tombent *(+ subjonctif)*
9. les syndicats**…** prévoient/**afin de** démontrer *(+ infinitif)*
10. il **arrive à ses fins**/**se fixer des objectifs**/**pour (ne pas)** *(+ infinitif)*
11. **avec le souci de** protéger *(+ infinitif)*

Les relatives de but

16
1. qui puisse me remplacer au pied levé. – **2. dont la réflexion soit** rapide. – **3. à qui les horaires élastiques ne fassent** pas peur. – **4. que les nouvelles techniques n'effraient pas.** – **5. avec qui je puisse** aller dans des endroits très chics. – **6. en qui je puisse** avoir toute confiance.

17 *Exercice de créativité*

Conséquence ou but

18 *Propositions*
1. de manière que celui-ci a acheté 100 sucettes ! *(conséquence)*. – **2. de manière qu'il reprenne** de l'énergie *(but)*/**de façon que dix minutes après il allait** mieux *(conséquence)*. – **3. de sorte qu'ils ont dû** passer la nuit dans un refuge *(conséquence)*. – **4. de manière que les gangsters n'attaquent** pas *(but)*/**de sorte que les gangsters n'ont pas attaqué** *(conséquence)*. – **5. de façon que celle-ci est** complètement déprimée *(conséquence)*/ **de manière qu'elle devienne** jalouse *(but)*. – **6. de manière qu'il l'a renvoyé** *(conséquence)*. – **7. de façon que l'eau a commencé** à entrer dans la cale *(conséquence)*. – **8. de manière qu'ils prennent** peur *(but)*/**de sorte qu'ils se sont enfuis** *(conséquence)*. – **9. de façon que je puisse** en acheter avant tout le monde *(but)*/**de manière que j'ai pu** en acheter avant tout le monde *(conséquence)*.

19 *Propositions*
1. de façon à le calmer/**de façon qu'il se calme**/**de façon qu'il s'est calmé**. – **2. de manière à le placer** à la Caisse d'Épargne/**de sorte qu'il ne me reste plus rien aujourd'hui**

(*conséquence*)/de façon que je n'aie plus un sou (*but*). – **3.** de façon à rester à la maison/de manière que sa mère lui dise de rester à la maison (*but*)/de sorte qu'il est resté à la maison (*conséquence*). – **4.** de manière que mon mari ne boive plus (*but*)/de manière à en garder pour ce week-end/de façon qu'il en restera ce week-end (*conséquence*). – **5.** de manière à l'immobiliser/de manière qu'il s'enfuie (*but*)/de façon qu'il l'a empêché d'agir (*conséquence*). – **6.** de sorte qu'elle ne se sente pas trop seule (*but*)/de manière à lui soutenir le moral/de façon qu'elle se sentira entourée (*conséquence*). – **7.** de manière que tout étincelle (*conséquence*)./de façon à éliminer toute la poussière/de manière que son mari ne souffre pas trop de son allergie à la poussière (*but*).

Condition nécessaire pour réaliser le but

Il faut + infinitif

20 *Exercice de créativité*

21 *Propositions*
Il faut de l'argent **pour voyager.** – Il faut des crayons de couleurs **pour dessiner.** – Il faut des vêtements chauds, des skis et des bâtons **pour skier.** – Il faut de la farine, des œufs, du lait, un peu de sucre et une pincée de sel **pour faire** des crêpes. – Il faut du charme, de l'élégance, de la gentillesse etc. **pour trouver** un mari. – Il faut beaucoup de soins **pour avoir** de beaux légumes.

22
1. **Il te faut** du temps **pour finir** ce dossier. – 2. **Il lui faut** ton accord **pour prendre** la décision. – 3. **Il nous faut** l'autorisation **pour commencer** le chantier. – 4. **Il vous faut** des amis bien placés **pour réussir.** – 5. **Il me faut** de l'aide **pour construire** ma maison. 6. **Il leur faut** un bateau **pour naviguer.** – 7. **Il nous faut** la permission des parents **pour utiliser** la résidence secondaire. – 8. **Il leur faut le feu vert** de la présidence **pour agir.** – 9. **Il vous faut** l'avis d'un professionnel **pour lancer votre projet.** – 10. **Il te faut des vêtements** adaptés **pour aller** à la réception de la princesse.

23
1. **Il faudra** un produit spécial **pour effacer** cette tache. – 2. **Il faudrait** des crédits et du soutien **pour ouvrir** notre propre boutique. – 3. Autrefois, **il fallait** beaucoup de temps **pour faire** la lessive. – 4. **Il faut** un bateau à fond plat **pour aller** sur cet îlot. – 5. Il a fallu **l'intervention** du Maire **pour obtenir** un rendez-vous avec le ministre. – 6. **Il a fallu** les conseils d'une agence **pour trouver** à louer une villa pas trop chère.

Il faut + subjonctif

24
1. Il faut qu'il prenne de l'avance **pour partir** en août. – 2. Il **faudra que vous apportiez** tous vos documents **pour remplir** votre dossier. – 3. Il faudrait qu'il se remette au tennis **pour retrouver** la forme. – 4. Il a fallu qu'il travaille beaucoup **pour devenir** écrivain. – 5. Il a fallu qu'ils négocient longtemps **pour éviter** la guerre. – 6. **Il a fallu qu'il travaille** beaucoup **pour devenir** écrivain. – 7. **Il a fallu qu'il propose** des augmentations **pour éviter** la grève. – 8. **Il a fallu qu'elle raconte** toute l'histoire **pour être maintenue** dans ses fonctions.

25
1. Il faudrait le soutien de l'État **pour que** ce projet se réalise – 2. **Il fallait beaucoup de**

soins **pour que** les malades guérissent. – **3. Il a fallu cette maladie pour qu'**elle se décide à changer de travail. – **4. Il faudra beaucoup de patience pour que** ce lion soit dressé. – **5. Il a fallu un prêt** de sa banque **pour qu'**il réussisse à monter son entreprise. – **6. Il a fallu l'aide** des ses copains **pour qu'**elle déménage aussi vite.

26

1. Il faut que **nous rassemblions** de nombreuses signatures pour que notre action **soit** efficace. – **2.** Il faudra **que vous apportiez** plus de nourriture pour que chacun **ait** une part correcte. – **3.** Il faudrait **qu'on aille** voir le responsable pour qu'il **s'explique**. – **4.** Il aurait fallu **que son père soit** plus patient pour **qu'elle comprenne**. – **5.** Il a fallu **que les ouvriers fassent** grève pendant deux semaines pour **que le patron accepte** leurs revendications.- **6.** Il aurait fallu **que tu l'écoutes** pour **qu'elle ne se soit pas fâchée**.

27

1. Il fallait qu'on leur raconte une histoire pour **qu'ils s'endorment**. – **2. Il a fallu que nous fassions** un scandale pour **qu'il nous reçoive**. – **3. Il a fallu qu'elle se drogue** pour **qu'il comprenne** la gravité de son problème. – **4. Il a fallu que je tombe** enceinte pour **qu'il m'épouse**.– **5. Il a fallu qu'un voyageur tire** le signal d'alarme pour **que le train s'arrête**. – **6. Il faudra que le médecin lui prescrive** du repos pour **qu'elle puisse** reprendre son travail.

Synthèse

28

a) *Exercice de créativité*
b) 1. Il aurait fallu mettre trois réveils à sonner **pour te réveiller**. – **2. Il aurait fallu l'écouter** s'expliquer **pour éviter** la violence. – **3. Il aurait fallu qu'il soit** mieux protégé **pour ne pas être** assassiné. – **4. Il aurait fallu qu'il soit** plus raisonnable **pour ne pas subir** une défaite. – **5. Il aurait fallu la réparer** plus tôt **pour qu'elle ne tombe** pas. – **6. Il aurait fallu qu'elle fasse** plus attention à la date de paiement de ses impôts **pour ne pas payer** d'amende. – **7. Il aurait fallu qu'ils fassent** réviser la voiture avant de partir **pour ne pas tomber** en panne le premier jour des vacances.

29
Exercice de créativité

Condition minimum pour réaliser le but

30

1. Il a suffi d'un petit pois dans son lit **pour que la princesse ne puisse pas dormir**. – **2. Il suffisait d'un petit effort pour que le trésor soit** à toi. – **3. Il suffisait d'un geste** de votre part **pour qu'elle revienne**. – **4. Il suffira d'une bonne nuit** de sommeil **pour que vous soyez reposé**. – **5. Il suffirait de quelques séances** de gymnastique **pour être** en meilleure forme. – **6. Il suffisait de quelques illustrations** supplémentaires **pour que son devoir soit** parfait. – **7. Il aurait suffi d'un pas** de plus **pour qu'il soit écrasé**. – **8. Il suffit d'un verre** de trop **pour ne plus pouvoir** conduire. – **9. Il suffit qu'un homme sourie** à Mathilde **pour que son mari lui fasse** une scène. – **10. Il suffit d'une bonne réponse** pour gagner.

31

1. Il lui suffit d'apparaître pour que tous les photographes se précipitent. – **2. Il leur a suffi d'ouvrir** la petite fenêtre **pour que les pigeons s'envolent**. – **3. Il vous suffira de prendre** un peu d'aspirine **pour que votre fièvre disparaisse**. – **4. Il lui suffirait d'apporter** un petit cadeau **pour que les enfants soient ravis**. – **5. Il t'a suffi de devenir** plus aimable **pour qu'on te trouve** charmant. – **6. Il lui a suffi d'arroser** un peu les plantes **pour qu'elles reverdissent**. – **7. Il te suffisait de lui présenter** des excuses **pour que l'atmosphère se détende**. – **8. Il nous aurait suffi de partir** cinq minutes plus tôt **pour que nous attrapions** le bus.

32 *Exercice de créativité*

33

a) *Propositions*

1. Pour réussir sa vie, **il ne suffit pas de devenir** un homme important, **il faut aussi rendre** heureux ceux qu'on aime. – **2.** Pour avoir un travail intéressant, **il ne suffit pas d'avoir** des diplômes, **il faut aussi prendre** la peine de chercher. – **3.** Pour être quelqu'un de bien, **il ne suffit pas de dire** de belles paroles, **il faut aussi agir** au mieux. – **4.** Pour plaire au sexe opposé, **il ne suffit pas d'être séduisant**, **il faut aussi s'intéresser** aux gens. – **5.** Pour rester en bonne santé **il ne suffit pas de manger** sainement, **il faut aussi faire** un peu de sport.

b) *Exercice de créativité*

34

1. Il n'a pas suffi à George Ford **d'être** un écrivain pour devenir président de la République, **il a aussi fallu qu'il s'engage** dans la résistance au pouvoir. – **2. Il n'a pas suffi** à Madonna **de savoir** chanter pour devenir une star, **il a aussi fallu qu'elle mette** toute son énergie dans sa carrière. – **3. Il n'a pas suffi** à Mme Dupont **d'avoir** six enfants pour devenir une excellente mère de famille nombreuse, **il a aussi fallu qu'elle s'en occupe** intelligemment tous les jours. – **4. Il n'a pas suffi** à Bocuse **d'aimer** la cuisine pour devenir chef, **il a aussi fallu qu'il fasse** ses preuves de façon répétée. – **5. Il n'a pas suffi** à Lance Amstrong de gagner plusieurs fois le tour de France cycliste pour être un champion, **il a fallu aussi qu'il combatte** un cancer.

35

1. Il suffira qu'on achète un gâteau de plus **pour que tout le monde ait** sa part. – **2. Il suffirait qu'elle voyage** un mois **pour que ce garçon lui sorte** de la tête. – **3. Il suffisait qu'ils gardent** le secret **pour que l'émeute n'éclate pas**. – **4. Il suffit que nous sortions** un peu **pour que les enfants préparent** leur surprise. – **5. Il a suffi qu'on crie** plus fort que lui **pour qu'il change** d'avis. – **6. Il aurait suffi qu'ils révisent** mieux ce chapitre **pour que le jury leur mette** une mention. – **7. Il suffira de 20 vingt minutes de plus de cuisson **pour que ton gigot soit** parfait. – **8. Il suffirait que** quelques élèves **partent** de l'école **pour qu'elle soit fermée**.

L'opposition
La concession

L'opposition

Moyens grammaticaux

1

a) Jocelyne est brune **alors que / tandis que** Stéphane est blond. **Si** Jocelyne est brune, Stéphane est blond. Stéphane a les yeux verts **alors que / tandis que** J. a les yeux bleus. **Si** S. a les yeux verts, J. a les yeux bleus. Elle mesure 1 m 55 **alors que / tandis que** S. mesure 1 m 90. **Si** Stéphane est marié, Jocelyne est toujours célibataire. Elle est professeur d'histoire **alors que / tandis qu'**il est basketteur professionnel. – **S'il** est basketteur professionnel, elle est professeur d'histoire. J. habite en ville **alors que / tandis que** S. préfère la campagne. **Si J.** habite en ville, S. préfère la campagne. J. roule en voiture **alors que / tandis que** S. aime la moto. – **Si** S. aime la moto, J. roule en voiture. J. aime la lecture et le cinéma **alors que / tandis que** S. aime la photographie et le bricolage. – **Si** S. aime la photographie et le bricolage, J. aime la lecture et le cinéma. S. fait du judo **alors que / tandis que** J. pratique la danse. Si S. fait du judo, J. pratique la danse.
b) *Exercice de créativité*

2

a) Autant Sophie aime le chocolat et la glace à la vanille, **autant** elle déteste les huîtres. **Autant** elle aime le cidre et le champagne, **autant** elle déteste le cognac. **Autant** elle aime les voitures rouges, **autant** elle déteste les petites voitures. **Autant** elle aime les roses rouges, **autant** elle déteste les oeillets. Autant elle aime les tout petits chiens, **autant** elle déteste les grands chiens. **Autant** elle aime vivre à la campagne, **autant** elle déteste vivre au centre ville. **Autant** elle aime faire des promenades en forêts, **autant** elle déteste les sports violents. **Autant** elle aime danser, **autant** elle déteste courir. **Autant** elle aime les hommes bruns aux yeux bleus, **autant** elle déteste les hommes blonds à moustaches. Etc.
b) *Exercice de créativité*

3

a) *Propositions*
Le football est un sport qui demande de la technique, **en revanche** le rugby est un sport assez violent. – Le golf est un sport assez calme, **inversement** le tennis est rapide et agressif. – La course automobile est dangereuse, la course cycliste **au contraire**, est plus pénible. – La natation est un sport qui étire le corps, **à l'opposé** la course à pied a un effet de tassement de corps. Etc.
b) La vie en ville est assez stressante, **par contre** la vie à la campagne apporte plus de calme. Etc.

4

a) 1. Au lieu de manger au restaurant, il mange un sandwich. – **2.** Il va jouer au flipper **au lieu de faire** du sport. – **3.** Il jette ses chaussettes **au lieu de les laver**. – **4.** Il donne les cadeaux qu'on lui fait **au lieu de les garder**. – **5. Au lieu de traverser** les rues dans les

passages pour piétons, il traverse n'importe où. – **6.** Il se gare sur les trottoirs **au lieu de se garer** dans les parkings.
b) 1. Mets de la vanille **à la place du** chocolat. – **2. À la place du** melon je voudrais de la pizza. – **3.** J'aimerais mieux des disques compacts **à la place de** la télévision. – **4.** Attention, tu prends le pot de sel **à la place du** pot de sucre.

5 🌳🌳 *Exercice de créativité*

6 🌳🌳 *Propositions*
Dans les Pyrénées, on mange du fromage à pâte persillée **alors que** dans le Nord-Est, on mange des fromages à pâte molle. – Dans le grand Ouest, en Normandie, on boit du cidre, **en revanche**, dans le Nord-Est, en Alsace ou en Lorraine, on boit de la bière. Etc.

7 🌳🌳
1. Thierry est paresseux **alors que** Stéphane est travailleur. **Si** Thierry est paresseux, Stéphane est travailleur. Thierry est paresseux, **en revanche** Stéphane est travailleur.
Thierry est paresseux, **quant à** Stéphane, il est travailleur. – **2.** J'aime la natation **tandis que / alors que** mon mari fait du tennis. J'aime la natation, **par contre** mon mari fait du tennis. J'aime la natation, mon mari **de son côté**, fait du tennis. – **3.** Alain est un bon attaquant, **en revanche** Philippe est meilleur défenseur. Alain est un bon attaquant, **quant à** Philippe, il est meilleur défenseur. **Si** Alain est un bon attaquant, Philippe est meilleur défenseur. Alain est un bon attaquant Philippe, **lui, est** meilleur défenseur. – **4.** Pierre et Simone aiment prendre leurs vacances au mois d'août, **inversement** Jacques et Madeleine préfèrent partir en février… Pierre et Simone aiment prendre leurs vacances au mois d'août, Jacques et Madeleine **en ce qui les concerne** préfèrent partir en février… **Autant** Pierre et Simone aiment prendre leurs vacances au mois d'août, **autant** Jacques et Madeleine préfèrent partir en février… Pierre et Simone aiment prendre leurs vacances au mois d'août, Jacques et Madeleine **pour leur part** préfèrent partir en février… – **5. Autant** avec Florence tout est facile, **autant** avec Anne tout est compliqué. Avec Florence tout est facile, alors qu'avec Anne tout est compliqué. Avec Florence tout est facile, avec Anne **au contraire**, tout est compliqué. **Si** tout est facile avec Florence, tout est compliqué avec Anne. – **6.** Nicolas est hyper actif, **par contre / à l'opposé /** Dominique aime prendre son temps. Nicolas est hyper actif, Dominique **quant à lui / pour sa part /** aime prendre son temps.

8 🌳🌳🌳
Lille est située dans le Nord **à l'inverse de** Nice qui est située dans le Sud. – Bordeaux possède beaucoup de monuments anciens **alors que** Nice en possède bien moins. – Bordeaux est un grand port, **contrairement à** Grenoble qui est une ville alpine. – **Si** Grenoble et Nice sont des villes universitaires, Lille ne l'est pas. – Il y a de nombreuses réalisations d'architecture contemporaine à Grenoble **en revanche**, il y en a peu à Bordeaux. – Bordeaux est un grand port de commerce **alors que** Nice est plus petit. – Nice est la capitale des fleurs **alors que** Bordeaux est la capitale des vins. – Bordeaux et Grenoble ont beaucoup d'industries métallurgiques, chimiques ou électriques **tandis que** Lille a de nombreuses industries textiles. – Nice est un centre touristique très connu, **à l'opposé de** Lille qui est surtout une ville industrielle. – Etc.

Autres moyens

9 🌳🌳🌳
a) 1. Le garagiste va lui proposer des pneus **antidérapants**, un dispositif **antiparasites** pour la radio, un équipement **anti-pollution**, de l'**antigel** pour mettre dans le radiateur et un

antivol. – **2.** Le médecin va lui prescrire un **antispasmodique**, un **antidépresseur** et un médicament **antigrippal**. – **3.** Le pharmacien va lui conseiller une crème **antirides** et un shampooing **antipelliculaire**. – **4.** Ils vont créer des brigades **anti-gangs**. – **5.** Certains joueurs ont eu des gestes **antisportifs**.
b) **1.** Ils ont fait une **contre-attaque**. – **2.** Ils nagent à **contre-courant**. – **3.** J'en ai assez, il me **contredit** tout le temps. – **4.** Il a trouvé un **contre-exemple**. – **5.** Les pâtisseries sont tout à fait **contre-indiquées**. – **6.** Elle doit se placer à **contre-jour**. – **7.** Nous devons placer un **contre-poids**. – **8.** Il a dit une **contre-vérité**. – **9.** Nous allons faire une **contre-publicité** – **10.** Vous avez fait **un contre-sens**.

10

a) **1. Les parapluies vont refleurir**/Cherbourg **ne sera même pas** concerné. – **2.** La **dégradation s'enfoncera** dans le territoire/**Apollon s'opposera**. – **3.** La dégradation **poursuivra son chemin**/ailleurs les rayons en profiteront **pour installer de belles éclaircies**. – **4. D'un côté,** vous aurez un temps plutôt doux/**de l'autre,** il sera plus frais mais ensoleillé – **5.** C'est **de la Bretagne que les mauvaises nouvelles arriveront.** ; les **nuages progresseront**/et dire que **pendant ce temps-là il fera chaud dans le Sud**. – **6. Les averses seront souvent solidaires** des passages nuageux/**mais quelques rayons arriveront à se faire une place au soleil** – **7. Une très légère embellie** favorisera **une moitié Nord**/de l'autre côté, ce sont les gouttes qui seront favorisées – **8. Mister Celsius fera un effort pour adoucir** l'atmosphère/une large bande du territoire **subira des assauts bien mouillés**.
b) *Exercice de créativité*

La concession

11

1. Bien qu'il/quoiqu'il ne soit pas sportif, il ne manque pas un match à la télé. – **2.** Elle s'habille en couleurs voyantes **bien qu'elle/quoiqu'elle soit** timide. – **3. Bien qu'il/quoiqu'il rêve** d'une bonne douche, il pédale sous le soleil. – **4. Quoiqu'il/bien qu'il préfère** dormir, il va nager. – **5. Bien qu'il/quoiqu'il soit** malade, il a gagné la course. – **6. Bien qu'il/quoiqu'il ait battu** le record, il n'est pas content. – **7. Bien qu'il/quoiqu'il sache** nager, il s'est noyé. – **8. Bien qu'il/quoiqu'il n'ait pas** le permis de conduire, il a une voiture de sport. – **9.** L'avion a décollé **bien qu'il/quoiqu'il fasse** mauvais temps. – **10.** Le match a eu **lieu bien qu'il/quoiqu'il ait plu**.

12

Tout timide qu'il ait été, il est devenu journaliste. **Si paresseux qu'il ait été,** il est devenu homme d'affaires. **Quelque laid qu'il ait été,** il est devenu star de cinéma. **Tout peureux qu'il ait été,** il est devenu sauveteur en montagne. **Si dépensier qu'il ait été,** il est devenu banquier. **Quelque bête qu'il ait été,** il est devenu ingénieur. **Tout apathique qu'il ait été,** il est devenu joueur de rugby. **Si triste qu'il ait été,** il est devenu clown. **Quelque maladroit de ses doigts qu'il ait été,** il est devenu prestidigitateur. **Si peu communicatif qu'il ait été**, il est devenu député.

13

Norbert avait le vertige, **pourtant** il est devenu parachutiste. François avait peur des animaux, **cependant** il est devenu dompteur. Stéphane chantait très mal, il est devenu chanteur de rock **quand même**. Fabienne s'habillait très mal, **pourtant** elle est devenue mannequin. Claude avait un cheveu sur la langue, il est devenu acteur **quand même**. Sébastien n'aimait pas l'école, **pourtant** il est devenu instituteur. Jacques arrivait toujours en retard, **cependant** il est devenu horloger. Jean-Claude s'évanouissait à la vue du sang, **pourtant** il est devenu chirurgien. Alain n'aimait pas l'eau, il est devenu marin **quand même.**

14

1. La décision a été prise **sans que les délégués soient là.** – **2.** Il a été incarcéré **sans que** les preuves suffisantes **aient été réunies.** – **3.** Elle a travaillé 24 heures **sans dormi**r. – **4.** J'ai travaillé 12 mois **sans être fatiguée.** – **5.** Il a fait 1 000 km **sans s'arrêter.** – **6.** Les jeunes mariés sont partis **sans que les invités s'en aperçoivent.** – **7.** Les cours ont changé d'horaires **sans que les étudiants en soient avertis.** – **8.** Il s'est endormi **sans avoir pris** son médicament. – **9.** Il a atteint la ligne d'arrivée **sans que les autres coureurs l'aient rejoint.** – **10.** Il a travaillé un mois **sans être payé.**

15

1. L'Internet est très utile, **encore qu'il risque** d'être un danger pour les enfants. – **2.** Le crédit est très avantageux, **encore qu'il puisse être** dangereux s'il est mal utilisé. – **3.** Les femmes sont, en général, plus tolérantes que les hommes, **encore que** certaines **soient** pires. – **4.** Son travail lui plaît beaucoup, **encore qu'il s'en plaigne** quelquefois. – **5.** Mon père trouve cette actrice insignifiante, **encore que son visage lui plaise.** – **6.** Toute la famille a bien accueilli son fiancé, **encore que son père ait fait** quelques remarques désobligeantes.

16

a) 1. Qui que vous soyez, le sport est bon pour vous. – **2. Qui que ce soit** qui appelle, dis-lui que je ne suis pas là. – **3. Qui que vous rencontriez,** il donnera toujours la même réponse à… – **4.** Il te faut beaucoup d'argent pour monter ton entreprise, mais tu ne peux rien demander **à qui que ce soit.** – **5.** Elle est toujours très séduisante, **quel que soit** son vêtement. *[Cette phrase appartient à l'exercice d.)]* – **6. Quoi que tu offres** à qui que ce soit grand-père, fais un joli paquet cadeau. *[Cette phrase appartient à l'exercice b.)]*
b) 1. Quoi que dise le capitaine il doit être obéi./Le capitaine doit être obéi quoi qu'il dise. – **2. Quoi que je fasse**, je n'y arriverai pas./Je n'y arriverai pas quoi que je fasse. – **3. Quoi que tu penses** je ne changerai pas d'avis./Je ne changerai pas d'avis quoi que tu penses. – **4. Quoi qu'il m'offre** pour s'excuser, je ne lui pardonnerai pas./Je ne lui pardonnerai pas quoi qu'il m'offre.
c) 1. Où que les Jeux Olympiques aient lieu, j'irai les voir./J'irai voir les Jeux Olympiques où qu'ils aient lieu. – **2. Où que j'aille**, il y a de la pollution./Il y a de la pollution où que j'aille. – **3. Où que nous fassions** du ski, il y a toujours beaucoup de monde sur les pistes./Il y a toujours beaucoup de monde sur les pistes où que nous fassions du ski. – **4. Où que tu travailles** tu auras toujours les mêmes problèmes./Tu auras toujours les mêmes problèmes où que tu travailles.
d) 1. Quel que soit le temps, la course aura lieu./La course aura lieu quel que soit le temps. – **2. Quelle que soit son envie** de partir, il est obligé de rester./Il est obligé de partir quelle que soit son envie de rester. – **3. Quelles que soient ses craintes**, elle doit accepter le changement./Elle doit accepter le changement quelles que soient ses craintes – **4. Quels que soient ses efforts**, il ne gagnera pas./Il ne gagnera pas quels que soient ses efforts. – **5. Quelles que soient tes préférences**, tu devras t'adapter. – **6. Quelles que soient ses compétences** pour ce poste, il n'a aucune chance de l'obtenir. – **7. Quelle que soit sa souffrance**, il ne se plaint jamais.

17

1. Où qu'il aille, quelqu'un le reconnaît./On reconnaît Tony où qu'il aille. – **2. Quoi qu'il fasse**, un journaliste est là./Un journaliste est là quoi qu'il fasse. – **3. Quoi qu'il porte**, on le critique./On critique Tony quoi qu'il porte. – **4. Quelle que soit** l'opinion que Tony exprime, on la transforme./On transforme l'opinion que Tony exprime, quelle qu'elle soit. – **5. Quelle que soit** la femme avec qui il sort, on dit qu'il va l'épouser./On dit qu'il va épouser la femme avec qui il sort, quelle qu'elle soit. – **6. Quel que soit** le match qu'il joue, la préparation est pénible./La préparation est pénible quel que soit le match qu'il joue. – **7. Où qu'il aille**, il est obligé d'emporter de nombreuses valises./Il est obligé d'emporter de nombreuses valises où qu'il aille. – **8. Quelle que soit la personne** qu'il rencontre, on ne lui parle que de football./On ne lui parle que de football, quelle que soit la personne qu'il rencontre. – **9. Où qu'il habite,** Tony n'est jamais tranquille./Tony n'est jamais tranquille où qu'il habite. – **10. Quels que soient les voyages qu'il fasse**, Tony a toujours des difficultés à les supporter./Tony a toujours des difficultés à supporter les voyages, **quels qu'ils soient.**

18

1. Même si le rugby est un sport brutal, ça me plaît./Le rugby me plaît même si c'est un sport brutal. – **2. Même si les Ferrari sont** des voitures très chères, j'en ai une./J'ai une Ferrari même si c'est une voiture très chère. – **3. Même si je n'aime** pas beaucoup le football, je regarde les matchs à la télévision./Je regarde les matchs de football à la télévision même si je ne l'aime pas beaucoup. – **4. Même si je prenais** mes médicaments, j'avais encore mal./J'avais encore mal même si je prenais mes médicaments. – **5. Même si je n'aime pas** beaucoup le conférencier, j'irai l'écouter./J'irai écouter ce conférencier même si je ne l'aime pas beaucoup. – **6. Même si je ne regarde pas** beaucoup la télévision, j'en ai une./J'ai la télévision même si je ne la regarde pas beaucoup. – **7. Même si je n'ai pas** beaucoup de temps, je viendrai vous voir./Je viendrai vous voir même si je n'ai pas beaucoup de temps. – **8. Même si je n'avais pas** beaucoup d'argent quand j'étais étudiant, j'achetais des livres./Quand j'étais étudiant, j'achetais des livres même si je n'avais pas beaucoup d'argent.

19

1. Quand bien même notre voiture serait au garage, nous **irions** vous voir. – **2. Quand bien même les ouvriers seraient** en grève, nous vous **verserions** votre salaire. – **3. Quand bien même il réussirait** son examen, il ne **trouverait** pas de travail. – **4. Quand bien même il gagnerait** les trois dernières courses, ce coureur ne **serait** pas satisfait. – **5. Quand bien même, un jour, il aurait** beaucoup d'argent, **il ne quitterait** pas son travail. – **6. Quand bien même tu me demanderais** mille fois de faire ce travail, je ne le **ferais** pas… – **7. Quand bien même il la couvrirait** de cadeaux, elle **n'accepterait** pas sa demande en mariage. – **8. Quand bien même,** un jour nous **serions séparés** pendant longtemps, je ne **t'oublierais pas.**

20

a) **1. Il a eu beau s'appliquer** énormément pour faire ses exposés, il n'a pas de bons résultats. – **2. Il a beau être** un bon skieur et s'entraîner beaucoup, il ne gagne jamais de courses. – **3. Il a eu beau prendre** grand soin de sa voiture, elle est souvent en panne. – **4. Il a beau bien gagner** sa vie, il a toujours des problèmes pour payer ses impôts. – **5. Il a beau être gentil** avec les femmes, elles n'acceptent jamais ses rendez-vous. – **6. Il a beau avoir 25 ans**, il paraît plus âgé. – **7. Il a beau s'être défendu**, le voleur lui a pris son portefeuille. – **8. Il a beau être** très instruit, il n'a pas pu résoudre le problème.

b) **1. Gilles avait beau être resté** longtemps au soleil, il n'était pas bronzé comme ses amis. – **2. Il avait beau avoir fait** souvent des cadeaux à sa mère, elle n'était jamais contente. – **3. Il avait beau être sorti** tôt de la réunion, il est arrivé en retard à son rendez-vous. –

4. Il avait beau avoir mis son plus beau costume, personne ne l'a remarqué. – **5. Il avait beau avoir acheté** les meilleurs produits, sa cuisine n'était pas bonne. – **6. Il avait beau avoir pris** toutes les précautions pour lui expliquer le problème, elle a mal réagi. – **7. Il avait beau avoir lu** la notice explicative, il n'arrivait pas à faire fonctionner son nouveau magnétoscope. – **8. Il avait beau avoir été** très gentil, sa femme était partie avec un autre.

21 🌳🌳

1. Bien qu'il ait fait chaque jour un entraînement intensif, il n'a pas amélioré sa vitesse. – **2. Quoique l'accusé ait crié** son innocence, il a été condamné. – **3. Bien qu'il ait affirmé** qu'il rembourserait… on ne l'a pas cru. – **4. Bien qu'elle sache** bien nager, elle avait de la difficulté à se sortir des tourbillons. – **5. Bien que nous soyons** courageux, nous ne pouvions pas prendre tout en charge. – **6. Bien qu'il demande** régulièrement une augmentation à son patron, il ne l'obtient jamais. – **7. Quoique cet enfant lise** beaucoup, il fait encore beaucoup de fautes d'orthographe. – **8. Bien qu'il boive** beaucoup, il a toujours des problèmes de reins.

22 🌳🌳

1. Ne vous asseyez pas **n'importe où.** – **2.** Ne faites pas **n'importe quoi.** – **3.** Ne venez pas **n'importe quand.** – **4.** Ne prenez pas **n'importe qui.** – **5.** Ne t'habille pas **n'importe comment.**

23 🌳🌳🌳

1. Même si vous êtes un champion,/**quoique vous soyez** un champion,/**vous avez beau être** un champion, vous n'y arriverez pas. – **2.** Je vais faire ce voyage **bien que j'aie/encore que j'aie** de gros problèmes financiers/**même si j'ai** de gros problèmes financiers./**J'ai beau avoir** de gros problèmes financiers, je vais faire ce voyage. – **3.** Il est arrivé à l'heure pourtant il a eu une **crevaison/même s'il a eu une crevaison. Quoiqu'il ait eu une crevaison/il a beau** avoir eu une crevaison, il est arrivé à l'heure. – **4.** Il est ministre de l'Éducation/**cependant** il n'a aucune compétence. /**Il a beau être** ministre de l'Éducation, il n'a aucune compétence. /**Quoiqu'il soit** ministre de l'Éducation, il n'a aucune compétence. – **5. Malgré ses nombreuses absences**, son travail est à jour. / Il est souvent absent, **il n'empêche que** son travail est à jour. / **Si absent qu'il soit**, son travail est à jour. /Il est souvent absent, son travail est à jour **quand même**. – **6. En dépit de mon désaccord**, j'accepte votre demande. /J'accepte votre demande **encore que je ne sois pas** d'accord./**même si je ne suis pas** d'accord./J'accepte votre demande **sans être d'accord**. – **7.** L'association **a beau recevoir** des subventions du département, elle a des difficultés financières. / **Quoiqu'elle reçoive** des subventions du département, l'association a des difficultés financières. /L'association a des difficultés financières **pourtant** elle reçoit des subventions du département. / **Malgré les subventions** données par la région, l'association a des difficultés financières. – **8.** Elle n'habite pas très loin, **il n'empêche qu'elle ne vient** pas voir son père à l'hôpital. /Elle ne vient pas voir son père à l'hôpital **pourtant** encore qu'elle n'habite pas très loin./**Même si elle n'habite pas** très loin, elle ne vient pas voir son père à l'hôpital. / **Elle a beau ne pas habiter** très loin de l'hôpital, elle ne vient pas voir son père.

Synthèse Opposition-Concession

24 🌳🌳🌳

1. Il **avait beau** faire froid, la vieille dame faisait une petite promenade. – **2. Malgré/en dépit de** l'interdiction du médecin, il est sorti. – **3.** Elle se présente au concours d'infirmière **même si/alors qu'/ pourtant/cependant/** elle s'évanouit à l'odeur de l'éther. – **4.** Elle déteste son père **malgré / en dépit de** tout ce qu'il a fait pour elle. – **5. Si / tout / quelque** costauds **qu'ils paraissent**, ils ne pratiquent aucun sport. – **6. Où qu'**elle aille, on la reconnaîtra. – **7.** Je n'admettrai aucune critique de **qui** que ce soit. – **8. Quel que** soit le médecin que vous voyiez, n'oubliez pas de lui parler de vos douleurs au bras. – **9.** Promène-toi un peu **au lieu de** rester enfermé dans ta chambre – **10.** Il était furieux que ses amis soient partis **sans** lui. – **11.** Elle a travaillé toute la journée **bien qu'/ quoiqu'**elle soit malade. – **12.** Les bateaux sont sortis en mer **bien qu'/ quoiqu'**on ait annoncé une grosse tempête. – **13.** Il refuse toujours de payer sa part au café **alors qu'**il a beaucoup d'argent. – **14.** Je ne devrais pas savoir tout ça, **pourtant** je t'assure que je n'ai pas écouté aux portes. – **15.** C'est une famille très pauvre, mais ils survivent **quand même**. – **16.** Je garderai toujours l'espoir **même si** la situation s'aggrave. – **17. Quand bien même** il serait élu député, il ne démissionnerait pas. – **18.** J'aime bien manger dans les pizzerias, mes parents **eux / quant à eux / pour leur part / de leur côté** préfèrent aller dans les grands restaurants. – **19.** Les chiens suivent toujours leur maître, **alors que / tandis que / en revanche / par contre / inversement / à l'opposé** les chats sont plus indépendants. – **20.** Cet étudiant, **par ailleurs** très intelligent, a complètement raté son examen oral.

25 🌳 🌳 🌳 *Propositions*

1. Elle est très heureuse **malgré les difficultés** dans lesquelles elle se débat. – **2.** Il n'est pas encore guéri **bien que son opération ait été un succès**. – **3.** Il a été condamné à 5 ans de prison **pourtant sa faute n'était pas bien grave**. – **4. Quoiqu'il ait passé** un an en France, il parle très mal français. – **5.** Vous devriez taper cette lettre **au lieu de lire** ce rapport. – **6.** Les stations de sport d'hiver affichent complet **malgré le mauvais temps**. – **7.** Nous n'avons pas l'intention d'exploiter votre appareil **même si nous le trouvons** très intéressant. – **8.** Je suis ravie de vous annoncer que votre projet a été retenu par la commission **en dépit des imperfections** qu'il présente. – **9.** Il pleut beaucoup dans cette région **alors que dans mon pays il fait toujours beau** et chaud. – **10.** Cette jeune femme ne correspond pas vraiment au profil souhaité pour ce poste, **néanmoins** il faut la prendre à l'essai. – **11.** Ces meubles luxueux se vendent bien, **par contre ces petites tables** banales et pas chères ne se vendent pas. – **12. Si chère que soit cette voiture**, de nombreuses personnes peuvent l'acheter. – **13.** Cet enfant est très maladroit **en revanche,** il est très intelligent. – **14.** Des milliers d'euros partent chaque jour dans les jeux télévisés **alors que des millions d'enfants meurent de faim**. – **15.** Je ne sais pas ce que vous en pensez, **quant à moi**, je n'y crois pas du tout. – **16.** Il a un beau diplôme, il trouvera du travail **où qu'il se présente**. – **17.** Il est parti faire de l'escalade **sans se couvrir** au risque de prendre une insolation. – **18. Il a beau se contrôler,** il ne peut pas s'empêcher de crier. – **19. Quand bien même elle réussirait** son concours, elle aurait encore plusieurs années d'études. – **20. Quelles que soient les critiques,** il présentera son projet. – **21.** Le statut de la femme dans la société a beaucoup évolué, **il n'en reste pas moins qu'**il y a encore bien des problèmes. – **22.** Il a réussi son perm**is de conduire sans faire de faute. – 23. Autant ce devoir de maths est difficile,** autant ces exercices de français sont faciles.

26 🌳 🌳 🌳 *Exercice de créativité*

Sommaire

1. La phrase .... p. 5
2. La construction des verbes .... p. 7
3. L'article .... p. 9
4. Possessifs et démonstratifs .... p. 13
5. Les pronoms personnels .... p. 15
6. Les pronoms relatifs .... p. 23
7. Les indéfinis .... p. 31
8. Les prépositions .... p. 33
9. L'interrogation .... p. 37
10. La négation .... p. 41
11. Le passif .... p. 45
12. Nominalisations .... p. 49
13. Le présent de l'indicatif .... p. 55
14. Le futur .... p. 57
15. Le passé .... p. 63
16. Le conditionnel .... p. 79
17. Le subjonctif .... p. 83
18. L'expression du temps .... p. 93
19. Le discours rapporté .... p. 99
20. La comparaison .... p. 107
21. Condition - Hypothèse .... p. 113
22. Cause - Conséquence .... p. 119
23. Le but .... p. 131
24. L'opposition - La concession .... p. 137